# APRENDENDO VALORES ÉTICOS

*Coleção*
*Relações Humanas na Escola*

Márcia Botelho Fagundes

# APRENDENDO VALORES ÉTICOS

7ª edição revista e ampliada
1ª reimpressão

autêntica

Copyright © 2000 Márcia Botelho Fagundes
Copyright © 2000 Autêntica Editora

Todos os direitos reservados pela Autêntica Editora. Nenhuma parte desta publicação poderá ser reproduzida, seja por meios mecânicos, eletrônicos, seja via cópia xerográfica, sem a autorização prévia da Editora.

EDITORAS RESPONSÁVEIS
*Rejane Dias*
*Cecília Martins*

REVISÃO
*Rosemara Dias Santos*
*Maria de Fátima Fiuza*
*Maria do Rosário Alves Pereira*

CAPA
*Jairo Alvarenga Fonseca*
*(sobre a pintura Provérbios Flamengos, de Pieter Bruegel, publicado no livro Como aprender a arte)*

DIAGRAMAÇÃO
*Waldênia Alvarenga*

---

Fagundes, Márcia Botelho

F156r   Aprendendo valores éticos / Márcia Botelho Fagundes . – 7. ed. rev. amp.; 1.reimp. – Belo Horizonte: Autêntica Editora, 2020.

112 p.

ISBN 978-85-86583-47-6

1. Literatura - Ensino de primeiro grau. I. Título. II. Série.

CDU:82-5

---

**Belo Horizonte**
Rua Carlos Turner, 420
Silveira . 31140-520
Belo Horizonte . MG
Tel.: (55 31) 3465 4500

www.grupoautentica.com.br

**São Paulo**
Av. Paulista, 2.073 . Conjunto Nacional
Horsa I . 23º andar . Conj. 2310-2312
Cerqueira César . 01311-940 . São Paulo . SP
Tel.: (55 11) 3034 4468

# SUMÁRIO

Apresentação........................................................................09

Palavras iniciais...................................................................13

Introdução...........................................................................15

I. Amizade...........................................................................19

II. Cooperação......................................................................31

III. Diálogo..........................................................................41

IV. Responsabilidade............................................................61

V. Respeito...........................................................................73

VI. Vida boa.........................................................................85

Sugestão de filmes/alunos....................................................99

Sugestão de filmes/educador...............................................101

Referências.........................................................................107

A autora.............................................................................109

Às pessoas queridas, que pulverizaram minha vida com seu amor, fortalecendo-me e tornando-me confiante na construção de um mundo melhor. Meu muito obrigada a todos vocês.

# Apresentação

Quem de nós não ouviu, ao menos uma vez e sentado no colo da vovó, alguma história que começava com o conhecido "era uma vez..."? Olhos esbugalhados e ouvidos atentos, ficávamos esperando, ansiosos, o mesmo e conhecido final da repetida história. Não importava o conto em si: era o clima, a narração, o aconchego da vovó ou do papai ou da mamãe que interessava; a fantasia que ia longe, o sonho do desconhecido, a viagem e as personagens, enfim, o mundo do encantamento balizava as nossas brincadeiras e relacionamentos.

Na verdade, a nossa família seguia, mesmo sem saber, os passos de Esopo, La Fontaine, Grim, Monteiro Lobato e outros tantos autores e contadores de fábulas e contos que povoaram a nossa infância. As nossas famílias criaram uma realidade mágica e nos ajudaram a enfrentar, desde a mais tenra idade, a crueldade do mundo, as certezas dos adultos e os argumentos falsos de uma sociedade que deixa pouco espaço para o poético, o lúdico, o utópico, o sonho... Ao mesmo tempo, criavam em nós uma espécie de código de valores, pelo qual conseguíamos distinguir o que era bom e o que era mau, a separar o herói do bandido.

Todos os grandes educadores, como foi, com as suas parábolas, o próprio Jesus de Nazaré, usaram destes recursos. As belíssimas passagens que encontramos no Evangelho estão cheias de profundidade, de moral e de valores. No fundo, o mundo metafórico das parábolas e dos contos permanece sempre vivo por isso mesmo: explica, de forma simples, direta, profunda e agradável, a realidade oculta e oferece, ao mesmo tempo, lições, modelos de comportamento suficientes para reabastecer os nossos cansados motores. O desafio da ética está sempre presente.

É verdade que a realidade é também outra. Vamos crescendo, tornando-nos "durões" e "amadurecidos", perdendo alguns sonhos, utopias, encantamentos e, com isso, nosso lado humano. As agruras e dificuldades da vida acabam impondo-nos atitudes e critérios que nem sempre são os mais adequados para a nossa própria construção como pessoas que buscam a felicidade. Difícil é perceber isso e tomar os rumos adequados para corrigir a rota errada.

O dia a dia nos obriga a abafar a criança latente em nós, os nossos mais belos sentimentos, as emoções puras, a capacidade para conviver em harmonia. E assim vamos acreditando que existir é sermos turrões, egoístas, isolados, violentos, aproveitadores, desrespeitosos... Nada mais fora da nossa vocação mais íntima como homens e mulheres que estão a caminho... É preciso tentar de novo, outra vez...

O livro que agora você tem nas mãos – professor ou aluno, adolescente, jovem ou adulto – é um trajeto-projeto fantástico para o mundo dos valores nos quais a autora, e como ela, milhões de pessoas, acreditam. É uma proposta de itinerário que você mesmo terá de realizar. Sozinho, mas acompanhado. Porque o caminho é projeto comum, proposta de irmãos, itinerário de peregrinos, que todos somos... Parodiando o poeta espanhol Antonio Machado: "caminante, no hay camino, se hace camino al andar... Caminante, son tus huellas el camino, y nada más" (caminhante, não existe caminho, ele se faz na caminhada... Caminhante, são seus passos o caminho, e nada mais). É voltar para você mesmo, interiorizar na viagem mais fantástica e profunda que qualquer ser humano pode fazer. As respostas da vida estão ali.

A questão da ética, da moral e dos valores é tão antiga quanto a própria humanidade. A luta entre o bem e o mal, que faz parte do imaginário do povo desde o alvorecer da vida, não é senão uma tentativa de organização e compreensão de assuntos comuns a todas as culturas e civilizações. Egípcios, romanos e gregos na Antiguidade; povos de oriente e ocidente; culturas mais ou menos evoluídas; o homem antigo e o homem moderno; o jovem e o adulto: todos têm em comum o fato de estarem sempre se perguntando pelo bem, pelo mal, pela escolha, pelo sentido das coisas e da vida. Na própria Bíblia, esse é um tema presente desde o início: a serpente, símbolo do mal, usa os seres humanos para introduzir a discórdia, para envenenar o seu coração e, assim, atrapalhar o projeto de Deus para toda a humanidade. O bem e a felicidade encontrar-se-ão em luta contínua contra o mal e a perversidade nas suas mais diversas formas. A vida é vista assim como o tempo, o cenário onde essa batalha é estabelecida e cujo desfecho não pode ser outro senão a vitória do Bem. Por isso, o ser humano é obrigado a estar sempre optando, fazendo escolhas que contribuirão para a sua construção pessoal e social.

É nessa linha que podemos entender a problemática do Bem e do Mal nas religiões e movimentos místicos, assim como nas perguntas mais agudas do cientista, nas mais ingênuas da pessoa simples ou nas críticas do ateu mais convencido: de onde provém o mal? Por que, querendo fazer o bem, acabamos fazendo o mal? O bem era valor e deixou de sê-lo? Quais os valores mutáveis e quais os permanentes?

Escritores como Goethe, com o seu genial Mefistófeles em *Fausto*, Dante, na *Divina comédia*, Shakespeare com Hamlet e Otelo, para citar apenas alguns dos autores mais conhecidos, colocam questões que atormentam a todos nós. Eles fazem nossas perguntas, colocam nossas angústias, elaboram poeticamente os conflitos da humanidade. Mas nem sempre nos dão as respostas. Aí é que entra o trabalho pessoal, as opções de cada um de nós. O trabalho árduo fica para o dia a dia. É aí que se deflagra a verdadeira batalha.

Temos que agradecer a Márcia Fagundes, psicóloga, mãe e amiga, por ter tido a coragem de escrever este livro sobre valores.

Não é momento de maré muito boa para esses papos, embora deva reconhecer que vamos sentindo todos um certo cansaço e enfastio por tanta negação, tanta dor, tanta guerra e falta de sentido na vida. Mas o caminho é longo, ainda, e temos que encontrar o rumo, já que "não existe vento favorável para quem não sabe aonde vai", como disse Plínio, o jovem filósofo.

Parece tarefa fundamental hoje ajudar os nossos jovens a ter o embasamento necessário para que façam as suas opções, para que consolidem os seus valores e consigam elucidar as suas escolhas neste mundo cheio de informações e confuso ao mesmo tempo, mas que nem sempre ajuda na construção de homens e mulheres realmente humanizados.

O livro pretende ser um guia de orientação, de discussão em grupo sobre valores como amizade, cooperação, diálogo, responsabilidade e respeito. E, além de ser de fácil leitura, didático, agradável e cheio de textos atraentes, oferece a possibilidade de ampliar horizontes sobre assuntos latentes e não menos importantes: a solidariedade, a construção da paz, a cidadania e a ecologia, etc. E luzes como essas são fundamentais num momento e numa sociedade que joga sobre as nossas cabeças tanta confusão, tantos valores aparentes e descartáveis, e tanta fragilidade. Ao final, nem tudo que é sólido deve desmanchar-se no ar...

Se este livro servir como ajuda para que muitos jovens se dediquem à causa da construção do bem em si mesmos e no seu grupo social (leia-se justiça, respeito, igualdade, cidadania, fim da miséria e da exploração, etc.), para esclarecer e dar luz sobre os valores e posturas éticas que parecem fundamentais, terá cumprido largamente o seu papel. Parece ser esta, sem dúvida, a tarefa maior do ser humano, o desafio da sua vida, o projeto que certamente o resgatará.

*Francisco A. Morales Cano*

Filósofo/teólogo

# Palavras iniciais

Este livro é um convite a vocês, aluno e professor, parceiros no processo de aprendizagem, para fazerem um percurso seguindo a trilha dos valores.

Espero que você, aluno, tenha uma participação ativa no trabalho de interiorizar valores – que é a proposta deste livro. Portanto, não seja passivo, tão somente recebendo o que o professor propõe; tome o livro em suas mãos, acompanhe, indague, investigue, dialogue, experimente o processo. Aqui, o professor é diretor do filme, mas como ator você precisa conhecer e assumir o seu papel.

A ideia da construção deste livro surgiu de uma crença antiga que trago comigo sobre as imensas possibilidades de crescimento do ser humano, no sentido de que as pessoas se tornem mais cordiais, melhores na convivência consigo mesmas e com quem se relacionam nos círculos familiares e na sociedade.

Como psicóloga, mãe, professora e cidadã, sinto-me comprometida em intervir no mundo, sendo uma agente de mudancas. Quero contribuir para a convivência pacífica entre indivíduos, a despeito das suas diferencas e credos, colaborar para que as pessoas tenham relações intrapessoais e interpessoais mais harmoniosas.

A realização deste livro também foi movida pela esperança de dias melhores, de uma sociedade onde as pessoas se tornem mais cientes de seus direitos e deveres – gente cooperativa, gente solidária, gente amiga, gente que dialoga, age com respeito e responsabilidade.

Uma educação com valores permite que cada indivíduo descubra e escolha livremente as crenças e as maneiras de viver que melhor o conduzam a um crescimento pleno e à felicidade tão almejada.

Este livro foi um dos caminhos que encontrei para aproximar-me de vocês, professor e aluno, e propor-lhes uma reflexão sobre valores ético-sociais. Nele falo sobre solidariedade, amor/amizade, respeito, justiça e liberdade, que são a célula-mãe de uma convivência pacífica. Minha intenção é poder focar e refletir sobre o "Bem e o Mal" que tanto nos angustiam, relembrar a consciência tão esquecida e afastada das nossas "regras sociais".

Neste momento, venho juntar-me à escola e conto também com o apoio da família, para proporcionar a você, jovem, a oportunidade de refletir sobre os conflitos, os problemas da vida para que possa ser sempre um cidadão ético. É preciso abrir este espaço de reflexão para resolvermos nossas angústias, nossas dúvidas diante da vida – tão próprias do ser humano.

# Introdução

A educação está comprometida com os valores éticos. Educar não é somente informar, transmitir conhecimentos, mas também integrar o educando em uma cultura com características particulares, como a língua, as tradições, as crenças e os estilos de vida de uma sociedade.

A escola é um espaço que propicia as relações humanas, que permite que os jovens possam conviver com as diferenças, aprender a respeitar os companheiros, compartilhar, aceitar derrotas, lidar com hierarquias. Sendo assim, a escola participa diariamente da formação dos cidadãos e cidadãs. Podemos dizer também que a escola é um "microcosmo", pois reflete os conflitos presentes na sociedade. O professor contribui, interfere na formação de seus alunos através de seu comportamento, da sua própria história de vida, das regras de convivência explícitas ou não que estabelece com eles, de acordo com sua maneira de ser e de pensar.

A ética não se resume a um conjunto de deveres ou a um código de regras; é antes de mais nada a aquisição de hábitos e atitudes que se convertem em uma maneira própria de viver. E a educação não pode ser neutra em relação aos valores. Isso não quer dizer que tenha que ser dogmática e rígida em seus princípios.

O dito popular "Faça o que eu falo, mas não faça o que eu faço" é uma desfaçatez. Precisamos ser coerentes, íntegros, agindo de acordo com os princípios que defendemos e acreditamos.

Estamos diante do terceiro milênio. E em momentos de transição como este, de mudança histórica, é normal acontecerem crises sociais. A crise social que vivemos é principalmente uma crise relacionada a valores e nos sinaliza que outros tempos estão chegando e que mudanças ocorrerão.

No século XX, a cultura ocidental foi organizada de acordo com os valores da ciência e da tecnologia, e muitas transformações ocorreram na história da humanidade:

- os valores herdados das tradições greco-romana, cristã, renascentista, que sustentaram a cultura ocidental durante séculos, desapareceram e foram substituídos por valores da sociedade industrial;

- vivemos um momento em que a civilização moderna perdeu as esperanças de uma nova ética social e política;

- o final do século XX é marcado basicamente pela indiferença e pela apatia dos indivíduos;

- o homem moderno está sendo engolido pelo "vazio" e há uma crise diante deste vazio. Para muitos, este vazio é a própria inexistência de valores aos quais se apegar.

Portanto, chegamos ao final do século pedindo com urgência uma nova ética, uma política diferente e o estabelecimento de valores que nos orientem. Estamos carentes, sem saber como e onde encontrarmos novos valores para o século XXI que está à nossa frente.

A construção deste livro nos faz repensar a sociedade que estamos formando. Que perfil de crianças, adolescentes, jovens e adultos, nós, pais e educadores, estamos querendo formar ou estamos formando? A partir deste ponto, é possível intervir na aquisição de valores pelos jovens? Quais seriam os valores comuns que podem ser compartilhados entre pais, professores e alunos? Como transmitir valores? E em que direção?

A preocupação com os valores é tão antiga como a humanidade, mas só a partir do século XIX surge como disciplina escolar. Axiologia ou teoria dos valores (do grego *áxios*, "valor") se ocupa das relações que se estabelecem entre coisas, seres vivos ou mesmo ideias e a pessoa que os aprecia.

Existem diversos tipos de valores (econômicos, culturais, lógicos, éticos, estéticos, religiosos, etc.), mas vamos considerar, neste livro, somente os valores éticos.

Ética é um dos temas transversais incorporados aos Parâmetros Curriculares Nacionais (PCNs). Os temas transversais são eixos que não estão incluídos diretamente em nenhuma área do currículo. Tampouco fazem referência a etapas educativas específicas, nem a qualquer idade concretamente. (Estendem-se, portanto, da educação infantil, fundamental I e II, ao ensino médio e mais além. São temas que transpõem os muros escolares.) São destacados temas tais como: educação ambiental, educação para a paz, educação do consumidor, educação de vias públicas, educação para a igualdade, educação para a saúde e educação sexual.

De acordo com os PCNs, todos os temas devem ser trabalhados por todas as disciplinas, conformando a necessidade da interdisciplinaridade e trazendo para a sala de aula a vivência concreta dos alunos.

Os pontos de vista acerca de como educar e como trabalhar na formação de valores são muitos:

- os valores podem ser transmitidos através de hábitos que se adquirem inicialmente de forma repetitiva;

- os valores são assimilados no convívio com os adultos, cujo exemplo forma a consciência do jovem para o bem e para o mal;

- um estímulo permanente e importante para se conseguir formar valores;

- os valores são crenças, premissas de foro íntimo, e o que é possível é deixá-los crescer, florescer e desenvolver;

- colocar uma pessoa em situações de confronto seria, segundo alguns, a melhor maneira de transmitir os valores.

Como se pode ver, é difícil eleger uma única forma de transmitir valores. Qual o melhor caminho? Será que sabemos escolhê-lo? Estas são algumas das dificuldades que tanto afligem os nossos educadores hoje.

Tendo como finalidade a educação de valores éticos, este livro mostra que acreditamos que o melhor caminho é aquele que se fundamenta no respeito mútuo e no diálogo interativo entre pais e filhos, professores e alunos, escola e comunidade. Como foi dito anteriormente, seu objetivo é promover a interiorização e o desenvolvimento de valores por meio de técnicas e atividades diversas. Esperamos com tudo isso a socialização do indivíduo, a assimilação e a integração de valores e atitudes.

Por isso, elegemos uma série de atividades/vivências que privilegiam o fazer como melhor forma de aprendizagem, pois colocam as pessoas em contato com situações semelhantes àquelas com as quais convivem ou irão conviver no dia a dia. Por possuírem características lúdicas, permitem que os participantes se envolvam na sua realização de forma mais espontânea e descontraída. As atividades permitem ainda que os alunos expressem emoções, fazendo com que a aprendizagem aconteça naturalmente.

Muitas dessas atividades oferecem aos estudantes a oportunidade de dialogar, inventar, descobrir, pesquisar, refletir e indagar. O material inserido no livro consta ainda de textos conceituais e literários (contos, fábulas) que darão suporte ao desenvolvimento das vivências.

Cabe ao educador enriquecer o trabalho, ampliando as atividades com músicas, filmes e outros recursos. Estender o projeto de ética a outras disciplinas também pode ser muito interessante.

Mudança nenhuma surgirá se não nos unirmos para construirmos uma nova sociedade, uma nova ética que nos aponte um caminho para dar um sentido mais profundo às nossas vidas.

# Amizade

*Pra quem eu vou mostrar*
*o desenho que eu pintei?*
*Com quem vou dividir*
*esses sonhos que eu sonhei?*
*A amizade tem suas fases,*
*cada uma com a sua emoção.*
*Eu vou ter de fazer as pazes,*
*Eu vou ter de pedir perdão.*
*Não dá para viver sem amigos*
*Do lado de tudo o que eu faço.*
*Por mais que eu procure abraçar,*
*o amigo é maior que o abraço!*

Pedro Bandeira, *Mais respeito,*
*eu sou criança*, p. 53

Há séculos os homens estabelecem relações de amizade e fazem reflexões tentando encontrar uma definição do que seja amizade que satisfaça a todos, que tenha um significado universal. Isto é quase impossível, considerando o conjunto de ideias e a história de cada época. Mas existe um ponto comum aos filósofos e pensadores: a amizade é uma forma de amor.

Voltaire entendia a amizade como "um contrato tácito entre duas pessoas, sensíveis e virtuosas. Digo sensíveis porque um monge solitário pode ser uma pessoa direita e viver sem conhecer a amizade. Digo virtuosa porque os maus só têm cúmplices, os gozadores companheiros de farra, os gananciosos sócios, os políticos partidários, os desocupados conhecidos, os príncipes cortesãos. Somente os homens virtuosos têm amigos". Este conceito encontra-se em Voltaire (1991, p. 9-10).

Pode-se definir a AMIZADE como um afeto pessoal puro, recíproco, que se inicia e se fortalece com a convivência. A amizade é sustentada por meio de sentimentos como a sinceridade, a generosidade e o afeto mútuo. Às vezes cometemos enganos e confundimos uma amizade verdadeira com outra "amizade", aquela baseada no egoísmo e na mentira.

Uma amizade sincera tem de ser recíproca, quer dizer, temos que saber dar e receber ao mesmo tempo. O valor da verdadeira amizade que nos alegra e nos dá prazer se encontra no tratamento afável e na boa convivência com as outras pessoas.

A palavra amizade tem muitos significados. Aristóteles já investigava diferentes tipos de amizade, desde a antiga Grécia. Para ele, a amizade baseada no desejo de "tirar sempre vantagem das situações" não é a verdadeira amizade, que deve fundamentar-se na virtude.

Costuma-se atribuir significados diversos à palavra amizade. Para o sociólogo italiano Francesco Alberoni, os mais comuns são:

**a) Os conhecidos:** a maioria das pessoas que consideramos amigas são, na verdade, os chamados "conhecidos" – são apenas colegas. Podemos manter boas relações com os conhecidos, com os colegas, mas com eles nem sempre podemos expressar com liberdade nossos anseios mais íntimos.

**b) Solidariedade coletiva:** nesse sentido, são amigos todos aqueles que estão do nosso lado. Por exemplo, numa equipe esportiva ou em situações extremas, como a guerra. Quer dizer, de um lado estão os que são contra, os inimigos, e, do outro, estão os amigos. Neste caso, amigo é o que usa o mesmo uniforme que o meu. Entretanto, continuo não sabendo nada sobre ele; não existe uma relação pessoal. As seitas e os partidos políticos são também exemplos de solidariedade coletiva.

**c) Relações de papéis/funções:** essas são relações muito pouco afetivas. Permanecem enquanto durarem os interesses e os benefícios mútuos. Aqui se incluem colegas de trabalho, de escola, os vizinhos, etc.

**d) Simpatia e amistosidade:** são relações com pessoas que nos fazem sentir bem, que nos são simpáticas, que escolhemos para conviver, que admiramos. Com estas, podemos construir uma verdadeira relação de amizade.

Amizade é, portanto, um sentimento tecido de confiança e de familiaridade, em que não existe inveja, nem avidez. Busca-se sempre a igualdade. Pedir algo a um amigo não é um problema; é tão natural como presentear.

Vamos ver então quais fatores favorecem a construção de uma verdadeira amizade:

- generosidade
- amabilidade
- cordialidade
- respeito
- reciprocidade nos afetos e sentimentos
- preocupação pelos problemas dos outros
- tolerância

--- **LEITURA ILUSTRATIVA** ---

## *Excursão, visita a uma feira de informática*

Pedro é um aluno novato na turma e na escola que frequenta. Ainda se adaptando e muito tímido, só fez amizade com Victor. Depois de algumas semanas de aula, surge a oportunidade de uma visita/excursão a uma feira de informática que está acontecendo na cidade. O problema surge quando Pedro vê que seu único amigo, Victor, apanha um objeto exposto e guarda consigo. De volta à escola, parece que tudo ocorreu da melhor maneira possível. Os alunos retornam para suas casas, porém, a direção da escola recebe um telefonema da pessoa responsável pela feira dando queixa do sumiço de um objeto. A professora é comunicada do ocorrido, e o fato é discutido com outros educadores da escola. A professora, apesar de constrangida, expõe a situação à turma no dia seguinte e sugere que o aluno que está de posse do objeto o devolva e, então, nada acontecerá. Caso contrário, não aparecendo o autor do feito, o objeto deverá ser pago aos expositores da feira, e o valor, rateado entre todos os alunos da turma.

Victor prefere calar-se e deixar que todos paguem pelo objeto roubado.

## SUGESTÃO DE ATIVIDADE - I

**OBJETIVO:** descobrir as dificuldades que às vezes fazem parte de uma relação de amizade. Através delas podemos trabalhar valores como a amizade e a responsabilidade entre os companheiros.

**PROCEDIMENTOS:**

a) O professor expõe uma situação problemática aos alunos. (Leitura do texto)

b) O professor faz perguntas à classe e propõe atividade para a resolução da problemática apresentada no texto:

☞ Pedro, como amigo de Victor, deveria contar à professora separadamente, não dizer nada, falar com Victor, aconselhá-lo a pedir ajuda à família?

☞ A atitude que Pedro tomar poderá alterar a relação de amizade com Victor? Como ficará sua relação com os companheiros de turma? Ele conquistará novas amizades?

c) Os alunos anotarão em uma folha individual respostas, soluções para as questões relativas à situação proposta pelo professor.

d) As alternativas para solucionar a situação conflitiva serão apresentadas à turma e discutidas. As mais votadas serão selecionadas.

---
LEITURA LITERÁRIA
---

## *Delicadas, as amizades*

Affonso Romano de Sant'Anna

"Pode-se dizer tudo o que se pensa a um amigo?"

"Quanto de verdade suporta um amigo?"

"Aliás, o que é a verdade?", já indagava Pilatos antes de crucificar o outro.

"Como combinar, articular, fazer coabitar a verdade nossa com a verdade do amigo?"

São muito delicados os amigos. Ou se quiserem, as amizades. São delicadíssimas. E é por isso que convém aceitar que cada amizade tem suas fragilidades.

Bom, se o anel que tu me deste era vidro e se quebrou, então, melhor seria que de diamante fosse. Este, inquebrantável. Mas amizade, convenhamos, é coisa humanamente frágil. E a gente pensa que ela está aí para sempre. Mas não tem a durabilidade centenária das sequóias, que ficam se alongando e nos ofertando sombra acima de tudo. Às vezes, as amizades são essas orquídeas, carentes de um tronco alheio onde se alimentar e florescer.

A gente pensa que amizade é coisa só de seres humanos. Não é. Os animais curtem amizades; alguns, o amor, e outros chegam à paixão extrema por seus donos. E, no entanto, amigos, alguns cães se mordem, quase arrancam as orelhas num ou noutro embate, às vezes por uma cadela no cio, às vezes por nada.

Pode-se perder uma amizade por excesso de zelo, como se ao esfregar demais o tecido o rompêssemos. Cuidado, portanto, com o excesso, às vezes excessivo. Claro, também se perde amigo pela escassez de socorro ou de sinalizações afetivas. Também pela fala mal desferida. Ou mal ouvida. A gente fala ou escreve uma coisa, o outro ouve outra coisa. Se não der para desentortar a frase ou o ouvido alheio, a amizade fica torta.

Diz o apóstolo Paulo que o amor tudo suporta, tudo espera, tudo perdoa.

– Será assim a amizade?

Até hoje não ficou muito clara a diferença entre amor & amizade. Mesmo porque muito amor termina se metamorfoseando em amizade; uma amizade pode virar amor, e podemos inimizar a quem amamos e nos esforçamos por ser amigo de quem nos despreza. De resto, para matizar ainda mais as coisas, os franceses costumam falar de "amizade amorosa", algo parecido com que aqui há tempos se chamou de "amizade colorida".

Mas o que fazer quando algo nos incomoda no outro e a gente sente que, se não falar, a amizade vai começar a ratear?

Não há amizade assim solta no ar. Cada amizade tem sua usança e sua pertinência.

Deveríamos então criar um manual, algo assim como "Amizade, modo de usar?". Ah, sim! Mas isso já existe, está lá naquele best-seller *Como fazer amigos e influenciar pessoas*.

(...)

Delicadas, as amizades. Uns porque se aproximando do poder esquecem os que no poder não estão. Neste caso não se pode nada. Outros porque viajam de formas várias e absolutamente inpenetráveis ao redor do próprio umbigo.

Retornarão algum dia?

Nesse caso, como dizia Neruda, os de então já não seremos os mesmos.

Há vocacionados para amizade. Têm um dom natural. Árvores copadas onde se reúne o rebanho. Quando você vê, está todo mundo ali ouvindo, curtindo ou simplesmente estando.

Qual o grau de resistência de uma amizade?

De um metal podemos dizer: derrete-se a tal ou qual temperatura.

São delicadas, as amizades. E mesmo as mais sólidas às vezes se desmancham no ar.

---

SANT'ANNA, Affonso Romano. *A vida por viver*. Rio de Janeiro: Rocco, 1997. p. 14-16.

# SUGESTÃO DE ATIVIDADE - II

**OBJETIVO:** trabalhar a amizade para que os alunos percebam que ela também pode ser uma forma de amor.

**PROCEDIMENTOS:**

a) Usar música de fundo durante a vivência. Uma sugestão é a música "Friends for Life" (José Carreras e Sarah Brightman), que fala justamente sobre o tema proposto.

b) Entregar a cada aluno uma folha de papel ofício, ou similar, com fita-crepe para colar nas costas de outro colega.

c) Distribuir canetas coloridas e pedir que cada amigo escreva nas costas do outro o que vê de bom, bonito e interessante nele. Não é obrigatório que todos escrevam em todos. Só os amigos que tiverem algo de bom para dizer e que querem dizê-lo.

d) Quando acabar a movimentação os alunos deverão se sentar em círculo. Cada um deverá retirar sua folha das costas e ler para toda a turma.

e) Os alunos serão convidados a se manifestarem, falando como se sentiram com as mensagens que receberam.

## LEITURA ILUSTRATIVA

Numa aldeia vietnamita, um orfanato dirigido por um grupo de missionários foi atingido por um bombardeio. Os missionários e duas crianças tiveram morte imediata, e as restantes ficaram gravemente feridas. Entre elas, uma menina de oito anos ficou em estado grave. Foi necessário chamar ajuda por um rádio. Depois de algum tempo, um médico e uma enfermeira da marinha dos EUA chegaram ao local.

Teriam que agir rapidamente, senão a menina morreria devido aos traumatismos e à perda de sangue. Era preciso, urgentemente, fazer uma transfusão. Mas como? Após alguns testes rápidos com o próprio pessoal da equipe de socorro, puderam perceber que ninguém ali possuía o sangue preciso.

Reuniram, então, o povo da aldeia e tentaram explicar o que estava acontecendo, gesticulando, arranhando o idioma, que era muito difícil para eles. Queriam dizer que precisavam de um voluntário para doar sangue.

Depois de um silêncio sepulcral, viu-se um braço magrinho levantar-se timidamente. Era de um menino chamado Cheng. Ele foi preparado às pressas ao lado da menina agonizante e espetaram-lhe uma agulha na veia. Ele se mantinha quietinho e com o olhar fixo no teto.

Passado algum momento, Cheng deixou escapar um soluço e tapou o rosto com a mão que estava livre. O médico perguntou a ele se estava doendo e ele disse que não. Mas não demorou muito a soluçar de novo, contendo as lágrimas. O médico ficou preocupado e voltou a lhe perguntar, e novamente ele negou. Os soluços ocasionais deram lugar a um choro silencioso, mas ininterrupto. Era evidente que alguma coisa estava errada. Foi então que apareceu uma enfermeira vietnamita vinda de outra aldeia. O médico, então, pediu que ela procurasse saber o que estava acontecendo com Cheng. Com a voz meiga e doce, a enfermeira foi conversando com ele e explicando algumas coisas, e o rostinho do menino foi se aliviando... Minutos depois ele estava novamente tranqüilo. A enfermeira então explicou aos americanos:

– Ele pensou que ia morrer. Não tinha entendido direito o que vocês disseram e estava achando que ia ter que dar todo o seu sangue para a menina não morrer.

O médico se aproximou dele e com a ajuda da enfermeira perguntou:

– Mas se era assim, por que então você se ofereceu para doar seu sangue?

E o menino respondeu simplesmente:

– Ela é minha amiga.

---

Esta história foi colhida na Internet, no endereço:

**www.sili.com.br/anjos**

# SUGESTÃO DE ATIVIDADE - III

**OBJETIVO:** sensibilizar o aluno para o fato de que nas relações com as pessoas e, principalmente, com os amigos, trocamos "coisas boas", qualidades, competências e "coisas ruins", que são as dificuldades. É importante perceber que o amor envolve tudo isso.

**PROCEDIMENTOS:**
a) Cortar no tamanho 12 x 10cm papel de seda cor vermelha ou rosa e no tamanho 14 x 10cm papel fantasia cor verde. Para esta atividade serão necessários também pauzinhos (como aqueles para churrasco) e fita-crepe.

b) Distribuir para cada aluno um pauzinho, um papel fantasia, um papel de seda e um pedacinho de fita-crepe.

c) Cada aluno deverá anotar na folha de seda três traços que não gosta em si. No avesso do papel verde deverá anotar três características que admira em si mesmo.

d) O papel verde deverá ser enrolado no pauzinho, no sentido diagonal, e preso com fita-crepe (que será a haste da flor). O papel de seda deverá ser amassado e espetado na ponta do pauzinho. Atenção para não colocar o nome em nada.

e) Depois que todo o grupo confeccionar sua flor, ela deverá ser trocada várias vezes com os colegas, até não se saber mais nas mãos de quem está.

f) Terminado o exercício, cada aluno poderá se manifestar e levar para casa a flor que recebeu. Esta é a flor amorosa.

Estamos tratando a amizade como um valor e, como tal, é importante perceber que muitas posturas impedem a construção da verdadeira amizade. Ou seja, amizade não combina com intolerância, egoísmo, mentira e falsidades. Um bom exemplo destes valores contrários à amizade foi personificado no "Amigo da Onça", personagem da célebre história do cartunista pernambucano Péricles de Andrade Maranhão. O "Amigo da Onça", que não tinha nenhum escrúpulo, se metia em qualquer negócio ou assunto, criando embaraços ou agravando os já existentes. Era um personagem mais conhecido como "espírito de porco", pois desejava sempre que os envolvidos nas situações se dessem mal. As histórias com o "Amigo da Onça" foram publicadas de 23 de outubro de 1943 a 3 de fevereiro de 1962 na revista *O Cruzeiro*. Veja abaixo a história que deu origem ao personagem.

Dois caçadores conversavam em seu acampamento:
– O que você faria se estivesse agora na selva e uma onça aparecesse na sua frente?
– Ora, dava um tiro nela.
– Mas e se você não tivesse nenhuma arma de fogo?
– Bom, então eu matava ela com meu facão.
– E se você estivesse sem o facão?
– Apanhava um pedaço de pau.
– E se não tivesse nenhum pedaço de pau?
– Subiria na árvore mais próxima!
– E se não tivesse nenhuma árvore?
– Sairia correndo.
– E se você estivesse paralisado pelo medo?
Então, o outro, já irritado, retruca:
– Mas, afinal, você é meu amigo ou amigo da onça?

# Cooperação

*(...) Uma coisa a gente aprende:*
*Que o outro é como Eu:*
*– Chora, ri, ama e sente,*
*mas quase tudo depende da gente.*

*Que grupo danado, que vivência atroz.*
*O Eu e o Tu se atacam,*
*mas depois eles se amam,*
*em benefício de Nós.*

Paulo C. Moura

Podemos entender a **COOPERAÇÃO** como uma ação que se realiza em conjunto com uma ou mais pessoas visando a um mesmo objetivo.

Algumas vezes esta ação beneficia um membro do grupo mas, na maioria dos casos, ocorre de todos serem beneficiados. Esta ação só pode ser considerada cooperação se existir reciprocidade, senão é apenas uma simples ajuda.

A reciprocidade implica troca – implica dar e receber. Não devemos esperar passivamente que o outro tome a frente. Na cooperação é importante que todos tomem a iniciativa da ação. A cooperação está relacionada de maneira muito próxima a outros valores, como a solidariedade, o companheirismo, a amizade, a generosidade e o respeito.

Veja a seguir o que conta uma conhecida lenda árabe:

"Certa vez, numa floresta, em pontos diferentes, encontravam-se duas pessoas perdidas: um cego e outro com as pernas atrofiadas. Um não conseguia andar até a saída, e o cego não a achava. Depois de inúmeras tentativas, cada um a seu modo, eles se encontraram: o homem que não enxergava tropeçou e caiu sobre o companheiro assustado.

Logo eles começaram a conversar e a lamentar suas situações e mazelas, concluindo que não teriam condições de sair dali. Mas eis que surge uma ideia.

O homem que não tinha como caminhar disse:

– Você que não pode enxergar, ponha-me nas suas costas e eu lhe mostrarei a saída.

E os dois se foram..."

Podemos ver esta estória de um outro ângulo. Os dois eram deficientes. Nós somos assim também: temos nossas dificuldades. Umas mais explícitas, como no caso da história, e outras que tentamos ocultar. Somos eles: capazes em algumas coisas e incapazes em outras. Temos que aceitar isto em nós, pois não damos conta de tudo. Não somos super-homens e temos as nossas limitações.

Nesta lenda está embutida a cooperação entre as pessoas, e não a acomodação. Se percebermos e compreendermos as nossas deficiências – algumas vezes não sou capaz de caminhar, em outras não consigo enxergar –, aceitaremos a realidade de que temos que encontrar a saída juntos, complementando-nos. Em outras palavras: é preciso trabalhar em conjunto para superarmos as nossas deficiências.

Sempre se acreditou, de acordo com a teoria da evolução das espécies de Darwin, que a sobrevivência das espécies mais aptas ocorreu devido à competição. Esta teoria está sendo contestada e revista. Hoje estamos tendo uma nova visão, uma compreensão mais ampla, e muitos acreditam que as espécies que sobreviveram ficaram mais aptas não porque competiram, mas porque cooperaram. Logo, o trabalho de equipe é a melhor estratégia não só para sobrevivermos mas, principalmente, para vivermos bem. Quando cooperamos, cada um contribui com suas habilidades, competências e se complementa com outras habilidades e competências que não possui, promovendo uma sinergia que aumenta a capacidade de toda a equipe. É por isso que se diz que a competência de uma equipe afinada é maior que a de seu integrante mais competente, porque habilidades são trocadas, e a aprendizagem de todos é promovida.

Vocês já constataram este fato nos grandes times de futebol, de vôlei e nos grupos de trabalho na escola. A família também é uma equipe, um time, um grupo cujos integrantes podem cooperar uns com os outros.

E o que significa equipe?

Um Rato, olhando pelo buraco na parede, vê o fazendeiro e sua esposa abrindo um pacote. Pensou logo no tipo de comida que poderia haver ali. Ao descobrir que era uma ratoeira, ficou aterrorizado.

Correu ao curral da fazenda advertindo a todos:

– Há uma ratoeira na casa! Há uma ratoeira na casa!

A Galinha disse:

– Desculpe-me, Senhor Rato, eu entendo que isso seja um grande problema para o Senhor, mas não me prejudica em nada, não me incomoda.

O Rato foi então até o Porco e lhe disse:

– Senhor Porco, há uma ratoeira na casa, uma ratoeira...

O Porco também não quis se envolver com a aflição do Rato.

– Não há nada que eu possa fazer a não ser rezar. O Senhor será incluído nas minhas preces.

O Rato dirigiu-se então à Vaca.

– Uma ratoeira? Por acaso o Senhor Rato acha que estou em perigo?

Então o Rato voltou para seu canto, cabisbaixo e abatido, para encarar a ratoeira do fazendeiro sozinho.

Naquela noite ouviu-se um barulho, como o de uma ratoeira pegando sua vítima. A mulher do fazendeiro correu para ver o que havia acontecido. No escuro, ela não enxergou que a ratoeira prendeu a cauda de uma cobra venenosa. E a cobra picou a mulher.

O fazendeiro levou-a imediatamente ao hospital. Ela voltou com febre, e para amenizar a sua febre, nada melhor que uma canja de galinha. O fazendeiro pegou seu cutelo e foi providenciar o ingrediente principal, a galinha.

Como a doença da mulher, causada pelo veneno da cobra, não melhorava, a febre não diminuía, os parentes, amigos e vizinhos vieram visitá-la. Para alimentá-los, o fazendeiro matou o porco. A mulher não melhorou e acabou morrendo. Muita gente veio para o funeral, e o fazendeiro precisou sacrificar a vaca para poder alimentar toda aquela gente.

Da próxima vez que você ouvir dizer que alguém está diante de um problema, e acreditar que o problema não lhe diz respeito, que não tem nada a ver com você, lembre-se que pode existir uma "ratoeira" no local. Todos podem correr riscos. Quando convivemos em equipe, o problema de um é um problema de todos.

Ser ético é pensar no coletivo. Não se nasce ético, aprende-se a ser ético, tendo atitudes de generosidade, de cooperação, de escuta e compreensão para com o Outro.

Nas equipes, nos grupos, algumas pessoas, que antes não faziam determinadas atividades, mudam. Isto se deve ao fato de lhes serem oferecidas novas oportunidades de aprendizado, e estas pessoas desenvolvem outras habilidades. Uma situação de tranquilidade em que todos podem experimentar vivenciar atividades no seu próprio ritmo, sem cobranças exageradas, mas com muito estímulo, favorece este aprendizado que opera mudanças significativas e traz satisfações pessoais, melhorando assim as relações no grupo.

Equipe é comprometer-se com o próprio drama da sua existência e do Outro também.

## SUGESTÃO DE ATIVIDADE - I

**OBJETIVO:** estimular nos alunos atitudes de cooperação.

**PROCEDIMENTOS:**

a) Material a ser utilizado: bombons sortidos e diferentes, com quantidade superior ao número de participantes.

b) Pede-se ao grupo de alunos que se assente em círculo formando grupos de até 20 integrantes.

c) Cada participante é convidado a escolher seu bombom predileto e aguardar.

d) Cada integrante do grupo vai desembrulhar o bombom e esticar bem os braços à frente segurando-o.

e) O professor deverá dizer: já podem comer os bombons!

f) Os alunos irão descobrir uma maneira de todos comerem os bombons. Como será?

*Observação*: Quando acontecer de se formar um número ímpar no grupo, o professor deverá separar um bombom para ele e também participar da atividade.

────────── **LEITURA LITERÁRIA** ──────────

## *Um apólogo*

Machado de Assis

Era uma vez uma agulha que disse a um novelo de linha:

– Por que está você com esse ar, toda cheia de si, toda enrolada, para fingir que vale alguma coisa neste mundo?

– Deixe-me, senhora.

– Que a deixe, por quê? Porque lhe digo que está com um ar insuportável? Repito que sim, e falarei sempre que me der na cabeça.

– Que cabeça, senhora? A senhora não é alfinete, é agulha. Agulha não tem cabeça. Que lhe importa o meu ar? Cada qual tem o ar que Deus lhe deu. Importe-se com a sua vida e deixe a dos outros.

– Mas você é orgulhosa.

– Decerto que sou.

– Mas por quê?

– Essa é boa! Porque coso. Então os vestidos e enfeites de nossa ama, quem é que os cose, senão eu?

– Você? Esta agora é melhor. Você é que os cose? Você ignora que quem os cose sou eu, e muito eu?

– Você fura o pano, nada mais; eu é que coso, prendo um pedaço ao outro, dou feição aos babados...

– Sim, mas que vale isso? Eu é que furo o pano, vou adiante, puxado por você, que vem atrás obedecendo ao que eu faço e mando...

– Também os batedores vão à frente do imperador.

– Você é imperador?

– Não digo isso. Mas a verdade é que você faz um papel subalterno, indo adiante; vai só mostrando o caminho, vai fazendo o trabalho obscuro e ínfimo. Eu é que prendo, ligo, ajunto...

Estavam nisto, quando a costureira chegou à casa da baronesa.

Não sei se disse que isto se passava na casa de uma baronesa, que tinha a modista ao pé de si, para não andar atrás dela. Chegou a costureira, pegou do pano, pegou da agulha, pegou da linha, enfiou a linha na agulha, e entrou a coser. Uma e outra iam andando orgulhosas, pelo pano adiante, que era a melhor das sedas, entre os dedos da costureira, ágeis como os galgos de Diana – para dar a isto uma cor poética. E dizia a agulha:

– Então, senhora linha, ainda teima no que dizia há pouco? Não repara que esta distinta costureira só se importa comigo; eu é que vou aqui entre os dedos dela, unidinha a eles, furando abaixo e acima...

A linha não respondia nada; ia andando. Buraco aberto pela agulha era logo enchido por ela, silenciosa e ativa, como quem sabe o que faz, e não está para ouvir palavras loucas. A agulha, vendo que ela não lhe dava resposta, calou-se também, e foi andando. E era tudo silêncio na saleta de costura; não se ouvia mais que o plic-plic-plic da agulha no pano. Caindo o sol, a costureira dobrou a costura, para o dia seguinte; continuou ainda nesse e no outro, até que no quarto acabou a obra, e ficou esperando o baile.

Veio a noite do baile, e a baronesa vestiu-se. A costureira, que a ajudou a vestir-se, levava a agulha espetada no corpinho, para dar algum ponto necessário. E enquanto compunha o vestido da bela dama, e puxava a um lado ou outro, arregaçava daqui ou dali, alisando, abotoando, a linha, para mofar da agulha, perguntou-lhe:

– Ora, agora, diga-me, quem é que vai ao baile, no corpo da baronesa, fazendo parte do vestido e da elegância? Quem é que vai dançar com ministros e diplomatas, enquanto você volta para a caixinha da costureira, antes de ir para o balaio das mucamas? Vamos, diga lá.

Parece que a agulha não disse nada; mas um alfinete, de cabeça grande e não menor experiência, murmurou à pobre agulha:

– Anda, aprende, tola. Cansas-te a abrir caminho para ela e ela é que vai gozar da vida, enquanto aí ficas na caixinha de costura. Faze como eu, que não abro caminho para ninguém. Onde me espetam, fico.

Contei esta história a um professor de melancolia, que me disse, abanando a cabeça:

– Também eu tenho servido de agulha a muita linha ordinária!

---

*Obs.*: Um apólogo é uma historieta mais ou menos longa, que ilustra uma lição de sabedoria e cuja moralidade é expressa como conclusão (Dicionário Aurélio).

---

## SUGESTÃO DE ATIVIDADE - II

**OBJETIVO:** identificar os contravalores que interagem e prejudicam a cooperação. São eles: egoísmo, depreciação, inveja e competição exagerada.

**PROCEDIMENTOS:**

a) Representar o texto com marionetes.

b) Encenar para os colegas.

—— **LEITURA LITERÁRIA** ——

## *Fábula do porco-espinho*

Conto folclórico

O porco-espinho é um animal solitário, não vive em bandos, e possui um sistema de defesa muito eficiente. No seu corpo há mais de 25.000 espinhos prontos para serem lançados em qualquer direção. Esses espinhos vão se renovando com o tempo. Qualquer movimento de aproximação ou até mesmo um som mais brusco pode ser entendido como um ataque, e eles reagem imediatamente. O porco-espinho "verdadeiro" pertence à família dos mamíferos e é um animal roedor.

Existem diferenças entre estas famílias de roedores e a dos ouriços.

Afinal, porco-espinho ou ouriço?

Os ouriços conhecidos no mundo inteiro são animais de hábito noturno e alimentam-se de vegetais, insetos, lesmas, caracóis.

Os ouriços contam com a sua coloração como camuflagem, mas quando ameaçados enrolam-se numa bola expondo apenas a parte coberta de espinhos.

Bem, após entender um pouco sobre estes animais, vamos contar uma antiga (fábula/lenda) sobre eles: Os ouriços.

Durante a era glacial, muitos animais morriam por causa do frio intenso. Os ouriços, percebendo a situação, resolveram se agrupar e ficarem bem juntinhos, porque assim poderiam se aquecer e se protegerem uns aos outros.

Porém, logo perceberam que os espinhos de cada um feriam os companheiros mais próximos, os que mais ofereciam calor. Então, decidiram se afastar e voltaram a morrer congelados.

Os ouriços estavam diante de um dilema que precisava ser resolvido: ou desapareceriam do planeta Terra ou aceitariam conviver com os espinhos dos companheiros. Sabiamente, resolveram unir-se pelo bem comum de sobreviver e perpetuar a espécie.

Precisaram aprender a conviver com as pequenas feridas, que o relacionamento muito próximo pode causar, e também com o calor acolhedor que o outro poderia proporcionar. E, assim, os ouriços sobreviveram...

Diz a lenda que os humanos aprenderam com os ouriços o maior segredo dos relacionamentos: conviver em grupo nos aproxima do outro, nos permite usufruir dos afetos e aprender a ser tolerantes com as defesas de nossos companheiros.

Conto folclórico

## SUGESTÃO DE ATIVIDADE - III

**OBJETIVO:** estimular nos alunos atitudes de solidariedade.

**PROCEDIMENTOS:**

Questões para serem refletidas com os alunos:

a) Vocês acreditam que é possível viver sem precisar de cooperação?

b) De que forma temos cooperado com colegas de escola, com nossos familiares e com outras pessoas do nosso convívio?

c) Caso seja preciso fazer mudanças de atitudes, quais seriam?

# Diálogo

*Ao professor é reservada alguma coisa mais nobre. Ao professor é reservado o papel de dialogar, de entrar no novo junto com os alunos.*

Ubiratan D'Ambrósio

O **DIÁLOGO** é uma conversação entre duas ou mais pessoas. No ato de dialogar, as pessoas podem descobrir interesses comuns que contribuirão para uma melhor convivência. Mas, antes de tudo, precisamos estar atentos a certas atitudes fundamentais que dão condições, que são terreno fértil, para que o diálogo aconteça. São elas:

- Estar aberto ao outro.
- Acolher o outro.
- Respeitá-lo.
- Escutá-lo.
- Comunicar-se com o outro.
- Utilizar uma linguagem comum.
- Compartilhar a reflexão e a crítica.

Saber dialogar é uma habilidade do ser humano que precisa de aprendizado para se desenvolver.

Os alunos e professores exercitam na escola esta habilidade quando têm uma escuta recíproca e atenta; quando usam a palavra adequada; quando se respeitam e são sinceros.

Torna-se impossível pensar em diálogo de maneira só racional, desprovido de emoções. Este "diálogo" é ineficaz. Um diálogo construtivo envolve o indivíduo como um todo: um ser que pensa, que sente e age. Existem alguns pontos a serem considerados para que se alcance um diálogo saudável: o desejo manifesto das pessoas em participar, a flexibilidade, a tolerância e a atitude empática. É bom lembrar que o corpo fala. A comunicação verbal é permeada pelo não verbal. O diálogo também se faz por meio de gestos, de inflexões, de vozes e de olhares.

Na comunicação verbal, é muito importante saber escolher as palavras que vão ser ditas, já que:

"• Uma palavra qualquer pode gerar uma discórdia.

• Uma palavra cruel pode ser destrutiva.

• Uma palavra amarga pode provocar o ódio.

• Uma palavra brutal pode romper um afeto.

• Uma palavra agradável pode suavizar o caminho.

• Uma palavra a tempo pode evitar um conflito.

• Uma palavra alegre pode iluminar o dia.

• Uma palavra amorosa pode mudar um comportamento." (NARCEA, 1997, p. 98, tradução nossa)

É fundamental compreendermos que os conflitos se resolvem dialogando e nunca através da força física nem da dominação do outro. O diálogo é fonte de bem-estar, de enriquecimento e de paz. Para convivermos temos que estar atentos uns aos outros, escutando sempre e pensando que o outro também tem ideias interessantes, ainda que, às vezes, diferentes das nossas.

Passamos grande parte de nossa existência nos comunicando. Quando não estamos em contato com o mundo externo, estamos praticando o diálogo interno, falando com a gente mesma. Através desta comunicação interna, fazemos análises das situações, tecemos julgamentos, criamos sensações, alimentamos sentimentos, elaboramos experiências, tomamos decisões e planejamos ações.

A comunicação com o mundo externo nos permite influenciar o ambiente, transmitir nossas ideias, confirmar nossas crenças, reformular nossas opiniões, compartilhar sentimentos, perceber nossas falhas e praticar a aprendizagem.

Pensando a partir deste ponto de vista, podemos ver de maneira bem clara o quanto é importante a comunicação na vida do ser humano. A maneira como comunicamos com o mundo externo muitas vezes determina o nosso grau de sucesso. São as nossas conversas com a gente mesma, nosso diálogo interno, que determinam, na maioria das vezes, os nossos estados emocionais. Se quisermos ficar tristes é só dizer coisas ruins para nós mesmos, adotar uma postura cabisbaixa, deixar cair os ombros, dificultar a respiração e pensar nos piores momentos de nossa vida. Porém, se mudarmos o tom e o conteúdo dos nossos diálogos internos, o quadro poderá ser revertido. Dizem que o passarinho não canta porque está feliz, mas fica feliz porque canta. Sendo assim, a prática do diálogo é das mais importantes para o crescimento do ser humano.

A linguagem é ao mesmo tempo instrumento de pensamento e comunicação. Podemos usar bem ou mal este instrumento. Se bem utilizado nos aproxima das pessoas, se mal utilizado nos afasta dos nossos semelhantes.

É preciso estar atento e cuidadoso. Muitas vezes pensamos que estamos dialogando e o que na verdade fazemos é um monólogo a dois. Isto acontece quando falamos sem nos importarmos com a opinião e a compreensão de quem nos ouve.

Um exemplo que quase todos nós já experimentamos é o conhecido "sermão". Situação em que alguém nos corrige, nos faz repreensões e acabamos fechando os ouvidos e o corpo. Nestas situações não há interlocução.

Também ocorre quando adotamos uma atitude de disputa e confronto de opiniões. O que acontece nestes momentos é que cada uma das partes quer impor a sua verdade como única e sair "vencedora" de um combate verbal.

---

## LEITURA LITERÁRIA

### *Espinha de peixe*

Fernando Sabino

De repente, Dona Carolina deixou cair o garfo e soltou um grunhido. Todos se precipitaram para ela, abandonando seus lugares à mesa; a filha, o genro, os netos:

– Que foi, mamãe?

– Dona Carolina, a senhora está sentindo alguma coisa?

– Fala conosco, vovó.

A velha, porém, só fazia arranhar a garganta com sons estrangulados, a boca aberta, os olhos revirados para cima.

– Uma espinha – deixou escapar afinal, com esforço: – Estou com uma espinha de peixe atravessada aqui.

E apontava o gogó com o dedinho.

– Come miolo de pão.

– Respira fundo, vovó.

– Com licença – e o marido de uma das netas, que era médico recém-formado, abriu caminho: – Deixa ver. Abre bem a boca, Dona Carolina.

Dona Carolina reclinou a cabeça para trás, abriu bem a boca, e a dentadura superior se despregou. Constrangido, o moço retirou-a com dedos delicados, deixou-a sorrindo sobre a toalha da mesa:

– Assim. Agora vira aqui para a luz. Não estou vendo nada... A espinha já saiu, não tem nada aí. A garganta ficou um pouco irritada, é por isso... Bebe um pouco d'água, Dona Carolina, que tudo já passou.

Todos respiraram aliviados, voltando aos seus lugares. Dona Carolina, porém, fuzilou o rapaz com um olhar que parecia dizer: "Passou uma ova!" e continuava a gemer. Como ninguém se dispusesse mais a socorrê-la, acabou se retirando para o quarto, depois de amaldiçoar toda a família. Uma das netas, solícita, foi levar-lhe a dentadura, esquecida sobre a mesa.

– Estou com uma espinha na garganta – queixava-se ela, a voz cada vez mais fraca.

– Já saiu, mamãe. É assim mesmo, a gente fica com impressão que ainda tem, deve ter ferido a garganta...

– Impressão nada! Ela está aqui dentro, me sufocando... Chame um médico para mim, minha filha.

Veio de novo o rapaz que era médico, mas a velha o rejeitou com um gesto:

– Esse não! Eu quero um médico de verdade!

A família, de novo reunida, se alvoroçava, e Dona Carolina, arquejante, dizendo que morria sufocada. Uma das filhas corria a buscar um copo d'água, outra abanava a velha com um jornal. O dono da casa foi bater à porta do vizinho de apartamento, Dr. Fontoura, que, pelo nome, devia ser médico:

– O senhor desculpe incomodar, mas minha sogra cismou, uma espinha de peixe, não tem mais nada, cismou que tem, porque tem...

Dr. Fontoura, que na realidade era dentista, acorreu com uns ferrinhos, uma pinça.

– Abre bem a boca, minha senhora – ordenou, gravemente, e contendo a língua da velha com o cabo de uma colher, meteu o nariz pela boca adentro: – Assim, hum-hum... Não vejo nada. Alguém tem uma lanterna elétrica?

Um dos rapazes trouxe a lanterna elétrica e o dentista iluminou a goela de sua nova cliente, sob expectativa geral.

– É isso mesmo... Está um pouquinho irritada ali, perto da apiglote. Não tem mais nada, a espinha já saiu. O que ela está precisando, na minha opinião, é de uma dentadura nova.

A velha engasgou e, em represália, por pouco não lhe mordeu a mão. Todos respiravam aliviados.

– Eu não dizia? – afirmava o dono da casa, conduzindo o vizinho até a porta, e protestava agradecimentos: – A velha está nervosa à toa, o senhor desculpe o incômodo...

Dona Carolina pôs-se a amaldiçoar toda a sua descendência, a voz cada vez mais rouca.

– Cambada de imprestáveis! Eu aqui morrendo engasgada e eles a dizerem que não tem mais nada!

Resolveram fazê-la tomar um calmante e dar o caso por encerrado.

Mas o caso não se encerrou. A velha não pregou olho durante a noite e passou todo o dia seguinte na cama, gemendo com um fio de voz:

–Ai, ai, ai, meu Santo Deus! Estou morrendo e ninguém liga!

A filha torcia as mãos, exasperada!

– Não quis almoçar, agora não quer jantar. Assim acaba morrendo mesmo.

– Minha sogra é uma histérica – explica o dono da casa a um velho amigo que viera visitá-lo ao terceiro dia. – Está assim desde quarta-feira, já nem fala mais com ninguém.

O velho amigo resolveu espiá-la de perto. Assim que o viu, Dona Carolina agarrou-lhe a mão, soprando-lhe no rosto uma voz roufenha, quase inaudível, mais para lá do que para cá:

– Pelo amor de Deus, me salve! Você é o único que ainda acredita em mim.

Impressionado, o velho amigo da casa resolveu levá-la consigo até o Pronto-Socorro:

– Quanto mais não seja, terá efeito psicológico – explicou aos demais.

Embrulharam a velha num sobretudo, e lá se foi ela, de carro, para o Pronto-Socorro. Foi só chegar e a estenderam numa mesa, anestesiaram-na, e o médico de plantão, com uma pinça, retirou de sua garganta não uma espinha, mas um osso de peixe, uma imensa vértebra cheia de espinhas para todo lado, como um ouriço.

– Estava morrendo sufocada – advertiu. – Não passaria desta noite.

Hoje Dona Carolina, quando quer fazer o resto da família ouvir sua opinião sobre qualquer assunto, exibe antes sua famosa vértebra de peixe, que carrega consigo, como um troféu.

---

SABINO, Fernando. *O homem nu*. 15. ed. Rio de Janeiro: Record, 1977.

## SUGESTÃO DE ATIVIDADE - I

**OBJETIVO:** sensibilizar os alunos para a importância de escutar com atenção e respeito as outras pessoas.

**PROCEDIMENTOS:**

a) Leitura do texto acima.

b) No diálogo, é muito importante se imaginar no lugar do outro e como agiria. Alunos, ponham-se no lugar da personagem D. Carolina. Qual seriam suas atitudes?

c) Os alunos que têm avôs ou avós deverão dialogar com eles e entrevistá-los. Indagar se eles (avôs e avós) têm sido ouvidos, respeitados, quais as dificuldades que encontram para se manifestarem e sugestão para melhorar o diálogo em família.

d) Fica a critério do professor alterar, acrescentar a entrevista, de acordo com os interesses despertados nos alunos.

e) O professor deverá recolher as entrevistas trazidas, selecionar os itens comuns e listar, expondo depois para todos os alunos.

---

## LEITURA LITERÁRIA

## *O casamento*

Luis Fernando Veríssimo

– Eu quero ter um casamento tradicional, papai.

– Sim, minha filha.

– Exatamente como você!

– Ótimo.

– Que música tocaram no casamento de vocês?

– Não tenho certeza, mas acho que era Mendelssohn. Ou Mendelssohn é o da Marcha Fúnebre? Não, era Mendelssohn mesmo.

– Mendelssohn, Mendelssohn... Acho que não conheço. Canta alguma coisa dele aí.

– Ah, não posso, minha filha. Era o que o órgão tocava em todos os casamentos, no meu tempo.

– O nosso não vai ter órgão, é claro.

– Ah, não?

– Não. Um amigo do Varum tem um sintetizador eletrônico e ele vai tocar na cerimônia. O Padre Tuco já deixou. Só que esse Mendelssohn, não sei, não...

– É , acho que no sintetizador não fica bem...

– Quem sabe alguma coisa do Queen...

– Quem?

– O Queen.

– Não é a Queen?

– Não. O Queen. É o nome de um conjunto, papai.

– Ah, certo. O Queen. No sintetizador.

– Acho que vai ser o maior barato!

– Só o sintetizador ou...

– Não. Claro que precisa ter uma guitarra elétrica, um baixo elétrico...

– Claro. Quer dizer, tudo bem tradicional.

– Isso.

– Eu sei que não é da minha conta. Afinal, eu sou só o pai da noiva. Um nada. Na recepção vão me confundir com um garçom. Se ainda me derem gorjeta, tudo bem. Mas alguém pode me dizer por que chamam o nosso futuro genro de Varum?

– Eu sabia...

– O quê?

– Que você já ia começar a implicar com ele.

– Eu não estou implicando. Eu gosto dele. Eu até o beijaria na testa se algum dia tirasse aquele capacete de motoqueiro.

– Eles nem casaram e você já está implicando.

– Mas que implicância? É um ótimo rapaz. Tem uma boa cabeça. Pelo menos eu imagino que seja cabeça o que ele tem debaixo do capacete.

– É um belo rapaz.

– E eu não sei? Há quase um ano que ele freqüenta a nossa casa diariamente. É como se fosse um filho. Eu às vezes fico esperando que ele me peça uma mesada. Um belo rapaz. Mas por que Varum?

– É o apelido e pronto.

– Ah, então é isso, você explicou tudo. Obrigado.

– Quanto mais se aproxima o dia do casamento, mais intratável você fica.

– Desculpe. Eu sou apenas o pai. Um inseto. Me esmigalha. Eu mereço.

– Aí xará!

– Oi, Varum, como vai? A sua noiva está se arrumando. Ela já desce. Senta aí um pouquinho. Tira o capacete...

– Essa noivinha...

– Vocês vão ao cinema?

– Ela não lhe disse? Nós vamos acampar.

– Acampar? Só vocês dois?

– É. Qual é o galho?

– Não. É que... Sei lá.

– Já sei o que você tá pensando, cara. Saquei.

– É! Você sabe como é...

– Saquei. Você está pensando que só nós dois, no meio do mato, pode pintar um lance.

– No mínimo isso. Um lance. Até dois.

– Mas qualé, xará. Não tem disso não. Está em falta. Oi, gatona!

– Oi, Varum. O que é que você e papai estão conversando?

– Não, o velho aí tá preocupado que nós dois, acampados sozinhos, pode pintar um lance. Eu já disse que não tem disso.

– Oi, papai. Não tem perigo nenhum. Nem cobra. E qualquer coisa o Varum me defende. Eu Jane, ele Tarzan.

– Só não dou o meu grito para proteger os cristais.

– Vamos?

– Vamlá?

– Mas... Vocês vão acampar de motocicleta?

– De motoca, cara. Vá-rum, vá-rum.


– Descobri por que ele se chama Varum.

– O quê? Você quer alguma coisa?

– Disse que descobri por que ele se chama Varum.

– Você estava dormindo?

– É o que eu costumo fazer às três da manhã, todos os dias. Você não dormiu?

– Ainda não. Sabe como é que ele chama ela? Gatona. Por um estranho processo de degeneração genética, eu sou pai de uma gatona. Varum e Gatona, a dupla dinâmica, está neste momento sozinha, no meio do mato.

– Então é isso que está preocupando você?

– E não é para preocupar? Você também não devia estar dormindo. A gatona é sua também.

– Mas não tem perigo nenhum!

– Como, não tem perigo? Um homem e uma mulher, dentro de uma tenda, no meio do mato?

– O que é que pode acontecer?

– Se você já esqueceu, é melhor ir dormir mesmo.

– Não tem perigo nenhum. O máximo que pode acontecer é entrar um sapo na tenda.

– Ou você está falando em linguagem figurada ou é eu que estou ficando louco.

– Vai dormir.

– Gatona. Minha própria filha...

– Você também tinha um apelido para mim, durante o nosso noivado.

– Eu prefiro não ouvir.

– Você me chamava de Formosura. Pensando bem, você também tinha um apelido.

– Por favor. Reminiscências não. Comi faz pouco.

– Kid Gordini. Você não se lembra? Você e o seu Gordini envenenado.

– Tão envenenado que morreu, nas minhas mãos. Um dia levei num mecânico e disse que a bateria estava ruim. Ele disse que a bateria estava boa, o resto do carro é que tinha que ser trocado.

– Viu só? E você se queixa do Varum. Kid Gordini!

– Mas eu nunca levei você para o mato no meu Gordini.

– Não levou porque meu pai mataria você.

– Hmmmm.

– "Hmmmm" o quê?

– Você me deu uma idéia. Assassinato...

– Não seja bobo.

– Um golpe bem aplicado. Na cabeça não porque ela está sempre bem protegida. Sim. Kid Gordini ataca outra vez...

– O que você tem é ciúme.

– Nisso tudo, tem uma coisa que me preocupa acima de tudo. Acho que é o que me tira o sono.

– O quê?

– Será que ele tira o capacete para dormir?

– Bom dia.

– Bom dia.

– Eu sou o pai da noiva. Da Maria Helena.

– Maria Helena... Ah, a Gatona!

– Essa.

– Que prazer. Alguma dúvida sobre a cerimônia?

– Não, Padre Osni. É que...

– Pode me chamar de Tuco. É como me chamam.

– Não, Padre Tuco. É que a Ga... A Maria Helena me disse que ela pretende entrar dançando na igreja. O conjunto toca um rock e a noiva entra dançando, é isso?

– É. Um rock suave. Não é rock pauleira.

– Ah, não é rock pauleira. Sei. Bom, isto muda tudo.

– Muitos jovens estão fazendo isto. A noiva entra dançando e na saída os dois saem dançando. O senhor sabe, a Igreja hoje está diferente. É isto que está atraindo os jovens de volta à Igreja. Temos que evoluir com os tempos.

– Claro. Mas, Padre Osni...

– Tuco.

– Padre Tuco, tem uma coisa. O pai da noiva também tem que dançar?

– Bom, isto depende do senhor. O senhor dança?

– Agora não, obrigado. Quer dizer, dançava. Até ganhei um concurso de chá-chá-chá. Acho que você ainda não era nascido. Mas estou meio fora de forma e...

– Ensaie, ensaie.

– Certo.

– Peça para a Gatona ensaiar com o senhor.

– Claro.

– Não é rock pauleira.

– Certo. Um roquezinho suave. Quem sabe um chá-chá-chá? Não. Esquece, esquece.

– Você está nervoso, papai?

– Um pouco. E se a gente adiasse o casamento? Eu preciso de uma semana a mais de ensaio. Só uma semana.

– Eu estou bonita?

– Linda. Quando estiver pronta vai ficar uma beleza.

– Mas eu estou pronta.

– Você vai se casar assim?

– Você não gosta?

– É... diferente, né? Essa coroa de flores, os pés descalços...

– Não é um barato?

– Um brinde, xará!

– Um brinde, Varum.

– Você estava um estouro entrando naquela igreja. Parecia um bailarino profissional.

– Pois é. Improvisei uns passos. Acho que me saí bem.

– Muito bem!

– Não sei se você sabe que eu fui o rei do chá-chá-chá.

– Do quê?

– Chá-chá-chá. Uma dança que havia. Você ainda não era nascido.

– Bota tempo nisso.

– Eu tinha um Gordini envenenado. Tão envenenado que morreu. Um dia levei no...

– Tinha um quê?

– Gordini. Você sabe. Um carro. Varum, varum.

– Ah.

– Esquece.

– Um brinde ao sogro bailarino.

– Um brinde. Eu sei que vocês vão ser muito felizes.

– O que é que você achou da minha beca, cara?

– Sensacional. Nunca tinha visto um noivo de macacão verme-lho, antes. Gostei. Confesso que quando entrei na igreja e vi você lá no altar, de capacete...

– Vacilou.

– Vacilei. Mas aí vi que o Padre Tuco estava de boné e pensei, tudo bem. Temos que evoluir com os tempos. E ataquei meu rock suave.

---

VERÍSSIMO, Luis Fernando. *O gigolô das palavras*. Porto Alegre: L&PM, 1987. p. 85-91.

---

# SUGESTÃO DE ATIVIDADE - II

**OBJETIVO:** perceber que o diálogo proporciona uma compreensão de vários pontos de vista em relação a uma mesma situação.

**PROCEDIMENTOS:**

a) Leitura do texto.

b) Reunir os alunos em pequenos grupos. Eles tentarão relatar situações de conflito ocorridas no dia a dia. Exemplos podem ser encontrados nas relações pais/filhos, professor/aluno, entre irmãos, parentes, amigos e vizinhos.

c) Os alunos procurarão sugerir as possibilidades de diálogos que ajudariam a equacionar as situações conflituosas relatadas.

## LEITURA LITERÁRIA

### *Diálogo sim, diálogo não*

Paulo Freire

Não é no silêncio que os homens se fazem, mas na palavra, no trabalho, na ação-reflexão.

Se não amo o mundo, se não amo a vida, se não amo os homens, não me é possível o diálogo.

O diálogo, como encontro dos homens para a tarefa comum de saber agir, se rompe se seus pólos (ou um deles) perdem a humildade.

Como posso dialogar, se me admito como um homem diferente, virtuoso por herança, diante dos outros, meros "isto", em quem não reconheço outros eu?

Como posso dialogar, se me sinto participante de um "gueto" de homens puros, donos da verdade e do saber, para quem todos os que estão fora são "essa gente", ou são "nativos inferiores"?

Como posso dialogar, se parto de que a pronúncia do mundo é tarefa de homens seletos e que a presença das massas na história é sinal de sua deterioração que devo evitar?

Como posso dialogar, se me fecho à contribuição dos outros, que jamais reconheço, e até me sinto ofendido com ela?

Como posso dialogar se temo a superação e se só em pensar nela sofro e definho?

FREIRE, Paulo. *Pedagogia do oprimido.* 11. ed. Rio de Janeiro: Paz e Terra, 1982.

# SUGESTÃO DE ATIVIDADE - III

**OBJETIVO:** avaliar as diferenças entre monólogo e diálogo.

**PROCEDIMENTOS:**

a) Dividir a turma de alunos em grupos.

b) Cada grupo deverá redigir um monólogo familiar.

c) Num segundo momento, esse monólogo deverá ser reescrito pelos alunos em forma de diálogo.

d) Retornando ao grupo grande, os representantes de cada grupo apresentarão o trabalho feito.

e) Os alunos serão convidados a se manifestarem sobre o exercício realizado.

---

## LEITURA LITERÁRIA

### *E eu com isso? Meus pais estão se separando...*

Carolina Mellone

"O que é que eu tenho com isso?"

Imagine-se na seguinte situação: você tem entre 10 e 21 anos, é filho único, mora com seus pais e há algum tempo vem percebendo que eles conversam muito pouco, mas brigam até demais.

Talvez eles não briguem tanto assim na sua frente, no entanto você percebeu que já não existe entre eles aquela forma carinhosa de falar que havia antigamente... Aquele ambiente familiar gostoso que na casa do seu amigo ou da sua amiga ainda existe, na sua casa não se vê faz muito tempo.

Sua mãe reclama de seu pai, e vice-versa. Seu pai chega do trabalho cada dia mais tarde, e você percebe que sua mãe anda chorando pelos cantos, dizendo que não sabe mais o que fazer.

Tá bom, tá bom, essa não é exatamente a situação em que você se encontra, e este livro mal começou e já está ficando chato...

Então talvez você tenha irmãos! Uma irmã mais velha e outro caçulinha, bem mimado! Mas você sempre achou que conversar com eles sobre o "clima" da sua casa, sobre a briga de seus pais, não tinha nada a ver; eles nem entenderiam mesmo! E, o que é pior, conversar com alguém sobre isso está fora de cogitação... poderia até mesmo aumentar o problema, melar tudo de vez...

Aí você decide ignorar o assunto. Sai de casa cedo, volta tarde e, quando está em casa, fica sempre no seu quarto. Escuta um som, vê televisão, liga para alguém. Passa horas plugado no computador, ou jogando, ou navegando pela Internet.

Você decidiu não falar sobre isso com ninguém, mas, de vez em quando, só de vez em quando, troca olhares com aquele irmão ou com aquela irmã que você, no fundo, sabe que também percebeu tudo o que está se passando.

Ok, errei de novo! Nada disso se parece com a sua vida.

Na verdade, você é filho ou filha única, e nem ao menos se lembra se seus pais foram realmente casados! Afinal, cada um mora na sua própria casa desde que você se entende por gente. E você sempre morou com sua mãe.

Detalhe: nem assim, a distância, eles parecem se gostar, se agüentar. Vivem se provocando.

Quando você está com seu pai, às vezes ele solta alguma coisa do tipo: "Sua mãe é louca!". E sua mãe também não é nenhuma santa, não mede esforços para deixar bem claro que seu pai "não gosta de ninguém, nem de você!"

Para piorar, você foi morar com sua mãe e o novo marido dela.

Não?! Então talvez você faça parte de uma daquelas famílias enormes, com uma porção de filhos, do tipo " seu pai casou-se novamente, terceira mulher".Você tem um ou dois irmãos que são filhos de seu pai, mas não de sua mãe. Esta, por sua vez, também se casou novamente, e o que você ganhou com isso? Mais um irmãozinho...

Você se sente jogado, meio perdido; não gosta de ser tratado como visita na casa de seu pai, nem esquecido dentro de sua própria casa. Aliás, seu padrasto é um chato!

Ah, já sei! Você não tem padrasto, mas tem madrasta, e ela trata muito melhor os filhos dela – que por coincidência são seus irmãos por parte de pai – do que você. Os presentes de Natal, então, nem se comparam! Os deles são sempre melhores...

Para piorar a situação, sua mãe quer saber sempre onde você está, aonde vai, com quem, a que horas vai chegar... Até lhe deu um celular! Vive jogando na sua cara que sua casa não é pensão, que você não dá a menor bola para ela. E ainda fica enchendo o saco porque você deixou a luz acesa, não comeu tudo que colocou no prato, deixou a torneira aberta, a toalha molhada em cima da cama, ficou horas falando ao telefone, etc. etc. etc.

E, o que é ainda mais irritante, joga na sua cara que, desde que seu pai saiu de casa, as coisas mudaram e você não percebeu...

Toda esta situação acaba fazendo com que você se sinta dentro de uma gaiola na sua própria casa...

Tudo bem se você também não se identificou com esse tipo de família; ela é comum, mas não constitui a regra.

Provavelmente você faça parte daquele grupo imenso de filhos de mães separadas que ainda não encontraram um novo amor e vivem se queixando da vida, e você, de certa forma, se sente responsável pela felicidade dela.

Aí aceita passar as férias jogando buraco com as amigas dela, convida a "velha" para ir ao cinema; enfim, sabe que, para ela, você é a coisa mais importante do mundo. Mas ai de você se quiser sair mais vezes com seu pai, falar com ele todos os dias, viajar em sua companhia sempre que ele convida... Nunca! Sua mãe ficaria magoadíssima se algum dia desconfiasse que você ama tanto seu pai quanto a ela! Então você não sai...

Existem também aquelas famílias aparentemente perfeitas. Mas só aparentemente.

No Natal, nos aniversários, todos parecem felizes, unidos e prósperos. Como diria minha avó: "Não se engane, por fora bela viola, por dentro pão bolorento!".

Isso mesmo: Para "consumo externo" esse tipo de família parece perfeita, todos se encaixam, todos se entendem, são bem

– sucedidos tanto no trabalho quanto no estudo, estão sempre na moda, malham bastante para manter a forma. Ninguém usa piercing ou tatuagem. Mas é só acabar a festa e as máscaras começam a cair. Ninguém mais conversa, sua mãe se joga no sofá e já quase sem energia sussurra: "Ufa! Estou exausta...". Ninguém ouve o que ela diz, todos se retiram sem sequer dar boa-noite uns aos outros.

Seu pai? Já está dormindo. DIÁLOGO? Só algumas reclamações entre os próprios irmãos. A torneira que quebrou, a calcinha pendurada no chuveiro, a tampa da privada que ficou levantada...

Risada, cantoria, barulho? Só o das portas se batendo...

E é claro que eu não poderia me esquecer de você, que tem pais que pegam um pouco no seu pé, reclamam do seu quarto desarrumado, do som alto, mas que, apesar dessa atitude enérgica e muitas vezes beirando a impaciência, sabe que essas coisas não indicam turbulências no casamento deles.

---

MELLONE, Carolina. *E eu com isso? Meus pais estão se separando...* São Paulo: O Nome da Rosa, 1999. p. 11-15.

---

## SUGESTÃO DE ATIVIDADE - IV

**OBJETIVO:** refletir, dialogar e questionar sobre as diferenças, a pluralidade das famílias. Como estão constituídas? Qual é o trabalho ou quais são as tarefas de cada um? Como e onde se divertem? E a rotina, as férias e as dificuldades de convivência?

**PROCEDIMENTOS:**

a) Cada participante deverá escrever sobre sua família, considerando os itens levantados nos objetivos.

b) Num segundo momento, serão formados pequenos grupos (em torno de cinco participantes). Cada um será convidado a ler, apresentar sua família para o grupo.

c) O grupo deverá dialogar sobre as muitas maneiras de se viver em família e anotar alguns pontos em comum, semelhanças que observaram.

d) Retornando ao grupo grande, os representantes deverão ler para a turma o que perceberam que as famílias têm em comum.

e) Os participantes deverão ser convidados a se manifestarem sobre a atividade realizada.

## *Você pode ser um bom ouvinte!*

☞ Coloque-se em frente ao interlocutor e olhe para ele, enquanto você o ouve. Isso facilita a comunicação.

☞ Ouça sem interromper, mesmo quando esteja em desacordo. Dê ao outro oportunidade de expressar-se até o fim.

☞ Enquanto ouve, não faça outra coisa. Evite distrair-se com sons ou acontecimentos do ambiente. Concentre-se totalmente em ouvir a pessoa. Todos estão ávidos por atenção. Quem não gosta de ser ouvido?

☞ Manifeste desejo de conhecer como pensam os outros. Todos gostam de ser objeto de interesse.

☞ Não prepare a resposta enquanto o outro fala. Se assim fez, você não compreenderá ou, então, apreenderá em parte o que o outro tem a dizer e, consequentemente, sua resposta pode não ser adequada ao que o outro disse. Daí surgem os desentendimentos, as discussões inúteis, os diálogos de surdos.

☞ Antes de dar sua opinião ou falar alguma coisa, certifique-se se compreendeu, repetindo o que ouviu. E isso principalmente quando seu modo de pensar difere de seu interlocutor, pois talvez sejam esses os momentos mais difíceis de escutar o outro com atenção.

☞ Ouça para compreender e não para responder. Isso significa que seu primeiro objetivo, ao ouvir alguém, deverá ser tentar compreender exatamente o que ele pretende comunicar-lhe. A resposta virá depois.

# Responsabilidade

Esta é uma história sobre 4 pessoas:

Todo mundo, alguém, qualquer um e ninguém.

*Havia um importante trabalho a ser feito e todo mundo tinha certeza de que alguém o faria.*

Qualquer um *podia tê-lo feito mas* ninguém *fez.*

Alguém *zangou-se porque era um trabalho de* todo mundo.

Todo mundo *pensou que* qualquer um *poderia fazê-lo mas* ninguém *imaginou que* todo mundo *deixasse de fazê-lo.*

*Ao final,* todo mundo *culpou* alguém, *quando* ninguém *fez o que* qualquer um *poderia ter feito.*

Autor desconhecido

A **RESPONSABILIDADE** pode ser entendida como a capacidade que a pessoa tem de sentir-se comprometida a dar uma resposta ou cumprir uma tarefa sem nenhuma pressão externa. O indivíduo responsável toma suas decisões, faz o que tem que ser feito, sem ficar esperando que lhe deem ordens ou lhe façam cobranças.

A responsabilidade pode ser vista sob dois pontos de vista: individual e coletivo.

### Responsabilidade individual:

- Ser responsável é ter livre escolha – para o bem ou para o mal – e saber lidar com as consequências da atitude tomada.

É remediar o mal quando puder e desfrutar do bem. O responsável está sempre pronto para responder por seus atos conscientemente.

**Responsabilidade coletiva:**

• Ser responsável é ter a capacidade de influir, intervir na medida do possível, seja na sua vida pessoal e familiar ou nas decisões de uma coletividade. Como exemplo temos uma mãe de família que atende a seus filhos, que cumpre com suas obrigações na sua vida profissional e que assume seus deveres como cidadã. Porém, essas responsabilidades não são só dela; são compartilhadas com outras pessoas, como o pai de seus filhos, os colegas de trabalho e as pessoas da comunidade onde vive.

Existem alguns pontos básicos relacionados à responsabilidade que gostaríamos de mencionar aqui com o intuito de chamar a atenção das pessoas. Alguns destes pontos estão inseridos em outros valores tais como liberdade, justiça e diálogo, já que muitas vezes os valores coexistem, ou seja, estão interligados. São eles:

• Aceitar qualquer crítica positiva.

• Evitar a passividade, a indiferença.

• Aprender a relativizar, a ampliar e aprofundar a visão dos problemas.

• Estimular uma visão positiva frente a situações difíceis.

• Buscar soluções e tomar atitudes.

───────── LEITURA LITERÁRIA ─────────

## A tartaruga

Era uma vez uma tartaruga que tinha perdido a memória e não se lembrava do caminho de volta para sua casa. Estava perdida no bosque e chorava. Chorou tanto que o bosque começou a encharcar-se de lágrimas.

Isto ocasionou problemas para os anões do bosque, já que entrava água – lágrimas em suas casas.

Decididos a buscar a origem de tal "inundação", saíram de suas casas para saber qual era o problema.

Logo encontraram a tartaruga chorando desesperadamente e lhe perguntaram:

– Tartaruga, por que choras tanto?

– Eu perdi a memória e não sei como voltar para minha casa.

Os anões tiveram uma ideia. Colocaram umas ervas mágicas dentro da couraça da tartaruga e lhe disseram:

– Cada vez que você quiser saber o que deves fazer, ponha a cabeça para dentro da couraça cheia de ervas mágicas e comece a pensar. Verás que funciona muito bem!

A tartaruga assim o fez: pôs a cabeça dentro da couraça, olhou as ervas e pensou:

– Qual é o caminho para eu voltar para casa? A seguir adotou uma postura pensativa e disse:

– Ah! Já me recordo, tenho que subir esta montanha e descer pela margem do riacho.

A tartaruga espichou o pescoço, pôs a cabeça para fora da couraça, agradeceu aos anões e foi-se embora para sua casa.

A partir daquele momento, a tartaruga aprendeu o que deveria fazer sempre quando não se lembrasse de algo. Colocaria a cabeça dentro da couraça, pensaria e decidiria.

Autor desconhecido

## SUGESTÃO DE ATIVIDADE - I

**OBJETIVO:** interiorizar e recordar as principais tarefas que temos que cumprir no dia a dia, com responsabilidade.

**PROCEDIMENTOS:**

a) Após a leitura do conto, os alunos farão comentários sobre o problema que acometia a tartaruga. Refletirão sobre o fato de que muitas vezes dedicamos pouca atenção aos nossos compromissos.

b) Um bom exercício seria que a cada dia que se inicia, ao levantarmos, pensássemos por alguns momentos sobre as nossas responsabilidades.

c) Muitas escolas, empresas, distribuem agendas. Como usar a agenda?

---

## LEITURA LITERÁRIA

### *A Galinha Miúda*

James Finn Garner

Numa estrada cheia de curvas, cercada de altas árvores, vivia a Galinha Miúda. Devemos mencionar aqui que o nome "Miúda" era o sobrenome dela, e não um apelido depreciativo, preconceituoso, referente à sua altura. O fato de a Galinha Miúda ser de estatura um pouco menor que a maioria das galinhas era apenas coincidência.

Um dia, Galinha Miúda estava brincando na estrada, quando um vento forte soprou nas árvores. Uma castanha se soltou e pegou Galinha Miúda de frente, bem na testa.

Ora, embora Galinha Miúda tivesse um cérebro pequeno, no sentido físico, é claro, ela o usava bem, o melhor que podia. E quando gritou "o céu está caindo, o céu está caindo!", sua conclusão não estava errada, nem era estúpida ou tola, apenas lhe faltava lógica.

Galinha Miúda correu pela estrada até chegar à casa de sua vizinha, Franga Fina, que cuidava de seu jardim. Essa era uma tarefa fácil, pois ela não usava inseticida, herbicida ou fertilizante e também permitia que as variedades nativas não comestíveis de flores silvestres (pejorativamente denominadas "pragas") se misturassem com sua plantação. E, perdida no meio da folhagem, Franga Fina ouviu a voz de Galinha Miúda bem antes de vê-la.

"O céu está caindo! O céu está caindo!"

Franga Fina esticou a cabeça fora da folhagem e disse: "Galinha Miúda, o que deu em você?"

Galinha Miúda explicou: "Estava brincando na estrada, quando um torrão grande do céu caiu bem na minha cabeça. Olhe! Olhe só o galo que fez."

"Só há uma coisa a fazer", disse Franga Fina.

"E o que é?", perguntou Galinha Miúda.

"Processar os babacas!", completou Franga Fina.

A Galinha Miúda ficou intrigada. "Processar por quê?"

"Danos pessoais, discriminação, imposição intencional de dano emocional, negligência intencional, interferência prejudicial, ultraje físico... e mais uma cacetada de coisas!"

"Deus do Céu!", murmurou Galinha Miúda. "E o que ganhamos com tudo isso?"

"Vamos ser pagas pela dor e sofrimento, danos compensatórios, incapacidade e desfiguramento, hospitalização prolongada, angústia mental e psicológica, impossibilidade de trabalhar, perda de auto-estima... etc."

"Colega, minha colega!", disse Galinha Miúda alegremente. "E **quem** vamos processar?"

"Bem, não creio que o céu per se seja reconhecido como entidade pelo Estado", disse Franga Fina.

"Temos que contratar um advogado e saber quem podemos processar", observou Galinha Miúda, pondo seu cérebro pequenino para trabalhar.

"Eis uma boa idéia. E quando falarmos com ele, quero perguntar quem posso processar por essas ridículas pernas finas que tenho. Só têm me causado angústia e embaraço a vida toda, e devo ser compensada de algum modo por causa disto."

E assim foi que correram à casa da Gansa Gozada, sua vizinha adiante na estrada. Gansa Gozada estava ocupada ensinando sua companhia animal canina (ou cão, como preferem os politicamente incorretos!) a comer só grama, pois se sentia culpada por lhe dar carcaças de animal processadas e enlatadas (comida em lata).

"O céu está caindo! O céu está caindo!"

"Processem os babacas! Processem os babacas!"

Gansa Gozada inclinou-se na cerca e disse: "Por Júpiter! O que há com vocês duas?"

"Eu estava brincando calmamente na estrada e um pedaço do céu caiu na minha cabeça", explicou Galinha Miúda.

"Então decidimos procurar um advogado que vai nos dizer quem processar por seus prejuízos e também por minhas pernas finas."

"Que ótimo! Vou junto para processar alguém por meu pescoço fino e comprido! Sabem, ele só me dá desgosto, e estou convencida de que há um complô na indústria da moda contra gente de pescoço longo! Já tentaram comprar roupa para gansos na C&A? Pois não existe! Em loja nenhuma! Se for uma blusa de gola rolê, aí então é que não se encontra mesmo."

E as três saíram pela estrada procurando assistência jurídica.

"O céu está caindo! O céu está caindo!"

"Processem os babacas! Processem os babacas!"

"Abaixo o complô! Abaixo o complô!"

Lá mais embaixo na estrada encontraram a Raposa Manhosa, de terno azul e de pasta de executivo, que levantou a pata para deter o grupo.

"E o que estão fazendo neste lindo dia?", perguntou Raposa Manhosa.

"Procurando alguém para processar!", gritaram em conjunto.

"Quais as queixas? Danos pessoais? Discriminação? Imposição intencional com danos emocionais? Negligência criminosa? Interferência tortuosa? Omissão dolosa?"

"Foi sim, foi sim!", as três afirmaram excitadas. "Tudo isso e muito mais!"

"Ora vejam só, que sorte!", disse Raposa Manhosa. "Minha agenda ainda tem vaga, e poderei ser seu representante legal nos tribunais que quiserem."

O trio aplaudiu batendo as asas. Galinha Miúda então perguntou: "Mas quem nós vamos processar?"

Sem perder o embalo, Raposa Manhosa emendou: "**Quem** nós **não** vamos processar? Três vítimas infelizes como vocês vão achar mais culpados do que podem imaginar. Bem, vamos andando até meu escritório para discutir melhor os detalhes."

Raposa Manhosa levou-as até uma portinha de metal ao lado de uma colina ali perto. "E agora vamos entrando", disse, levantando o trinco. Mas a portinha não abria. Raposa Manhosa puxou-a com uma pata e depois com as duas. E a portinha não abria. Ela puxou e puxou com força, xingando a porta, a mãe da porta e todo mundo que tentasse defender aquela maldita porta!

Finalmente a porta cedeu, e uma língua de fogo saiu dela. Era a porta do forno da Raposa Manhosa! E com tanto azar para a Raposa, que a língua de fogo pegou sua cabeça, queimou seu pêlo e bigodes, deixando-a catatônica. Galinha Miúda, Franga Fina e Gansa Gozada fugiram, dando graças por não terem sido queimadas.

Entretanto a família da Raposa Manhosa conseguiu localizá-las. Além de processar o fabricante do forno em nome de Raposa Manhosa, a família abriu processo contra as três anteriormente mencionadas aves de quintal, alegando aprisionamento, periculosidade imprudente e fraude. A família pediu ressarcimento por dor e sofrimento, danos compensatórios, danos punitivos, lesões corporais e desfiguramento, internação a longo prazo, angústia mental, possibilidade de trabalho anulada, perda de estima, e a perda de **um bom jantar**! As três apelaram na justiça, e até hoje esse processo corre, sem resultado algum.

---

GARNER, James Finn. *Contos de fadas politicamente corretos. Uma versão adaptada aos novos tempos.* Tradução e adaptação de Cláudio Paiva. São Paulo: Ediouro S. A. 1995.

# SUGESTÃO DE ATIVIDADE - II

**OBJETIVO:** fazer com que os alunos entendam o que é ser responsável por seus atos, não atribuindo ao outro a sua irresponsabilidade e as suas falhas. Eles perceberão que muitas vezes depositamos no outro os nossos fracassos.

**PROCEDIMENTOS:**

a) Indagar dos alunos qual foi o "recado", a mensagem do texto *A galinha miúda*, para cada um deles. O professor deverá listar no quadro as falas dos alunos.

b) Caracterizar cada personagem (Galinha Miúda, Galinha Fina, Gansa Gozada, Raposa Manhosa) com ajuda do professor.

c) Montar grupos com uma média de 5 alunos. Cada grupo vai refletir e relatar um fato, uma situação em que os integrantes não assumiram seus fracassos e delegaram ao outro a responsabilidade pela sua derrota.

d) Eleger o caso mais representativo e interessante. Dramatizar lá na frente para a turma. A dramatização deve ser feita em dois atos. No primeiro ato, os alunos representarão a situação narrada. No segundo ato, procurarão mostrar como poderia ter sido conduzida a situação de uma maneira responsável.

---

### LEITURA LITERÁRIA

## *Fazer nada*

Rubem Alves

A manhã está do jeito como eu gosto. Céu azul, ventinho frio. Logo bem cedinho convidou-me a fazer nada. Dar uma caminhada –

não por razões de saúde, mas por puro prazer. Os ipês-rosa floriam antes do tempo – vocês já notaram? E não existe coisa mais linda que uma copa de ipê contra o céu azul. Cessam todos os pensamentos ansiosos e a gente fica possuída por pura gratidão de que a vida seja tão generosa em coisas belas. Ali, debaixo do ipê, não há nada que eu possa fazer. Não há nada que eu deva fazer. Qualquer ação minha seria supérflua. Pois como poderia eu melhorar o que já é perfeito?

Lembro-me das minhas primeiras lições de filosofia, de como eu me ri quando li que, para o Taoísmo, a felicidade suprema é aquilo a que dão o nome de *Wu-Wei*, fazer nada. Achei que eram doidos. Porque, naqueles tempos, eu era um ser ético que julgava que a ação era a coisa mais importante. Ainda não havia aprendido as lições do Paraíso – que quando se está diante da beleza só nos resta... fazer nada, gozar a felicidade que nos é oferecida.

Queria perguntar aos ipês das razões do seu equívoco. Será que, por acaso, não possuíam uma agenda? Pois, se possuíssem, saberiam que floração de ipê está agendada somente para o mês de julho. Qualquer um que preste atenção nos tempos da natureza sabe disto. Mas antes que fizesse minha pergunta tola ouvi, dentro de mim, a resposta que me dariam. Responderiam citando o místico medieval Angelus Silésius, que dizia que as flores não têm porquês; florescem porque florescem. Pensei que seria bom se também nós fôssemos como as plantas, que nossas ações fossem um puro transbordar de vitalidade, uma pura explosão de uma beleza que cresceu por dentro e não mais pode ser guardada. Sem razões, por puro prazer.

Mas aí olho para a mesa e um livro de capa verde me lembra que não vivo no Paraíso, que não tenho o direito de viver pelo prazer. Há deveres que me esperam. O que todos pedem de mim não é que eu floresça como os ipês, mas que eu cumpra os meus deveres – muito embora eles me levem para bem longe da minha felicidade. Pois dever é isto: aquela voz que grita mais alto que minhas flores não nascidas – os meus desejos – e me obriga a fazer o que não quero. Pois, se eu quisesse, ela não precisaria gritar. Eu faria por puro prazer. E se grita, para me obrigar à obediência, é porque o que o dever ordena não é aquilo que a alma pede. Daí a sabedoria de dois versos de Fernando Pessoa. Primeiro, aquele em que diz: *Ah, a frescura na face de não cumprir um dever!* Desavergonhado, irresponsável, corruptor da juventude, deveria ser obrigado a tomar cicuta, como Sócrates! Não é nada disto. Ele só diz a verdade: só podemos ser felizes quando formos como os ipês; quando florescermos porque florescemos; quando ninguém nos ordena o que fazer, e o que fazemos é só um filho do prazer. E o outro verso, aquele em que diz que somos o intervalo entre o nosso desejo e aquilo que o desejo dos outros fez de nós.

No meu livro de capa verde estão escritos os desejos dos outros. Ele se chama agenda. Os meus desejos, não é preciso que ninguém me lembre deles. Não precisam ser escritos. Sei-os (isto mesmo, seios!) de cor. De cor quer dizer *no coração*.

Aquilo que está escrito no coração não necessita de agendas porque a gente não esquece. O que a memória ama fica eterno. Se preciso de agenda é porque não está no coração. Não é o meu desejo. É o desejo de um outro. Minha agenda me diz que devo deixar minha conversa com os ipês para depois, pois há deveres a serem cumpridos. E que eu devo me lembrar da primeira lição de moral ministrada a qualquer criança: primeiro a obrigação, depois a devoção; primeiro a agenda, depois o prazer; primeiro o desejo dos outros, depois o desejo da gente. Não é esta a base de toda a vida social? Uma pessoa boa, responsável, não é justamente esta que se esquece dos seus desejos e obedece os desejos de um outro – não importando que o outro more dentro dela mesma?

Ah! Muitas pessoas não têm uma alma. O que elas têm, no seu lugar, é uma agenda. Por isto serão incapazes de entender o que estou dizendo: em suas almas-agendas já não há lugar para o desejo. No lugar dos ipês existe apenas um imenso vazio. Há um vazio que é bom: vazio da fome (que faz lugar para o desejo de comer; vazio das mãos em concha (que faz lugar para a água que cai da bica); vazio dos braços (que faz lugar para o abraço); vazio da saudade (que faz lugar para a alegria do retorno).

Mas há um vazio ruim que não faz lugar para coisa alguma, vazio-deserto, ermo onde moram os demônios. E este vazio, túmulo do desejo, precisa ser enchido de qualquer forma. Pois, se não o for, ali virá morar a ansiedade.

A ansiedade é o buraco deixado pelo desejo esquecido, o buraco de um coração que não mais existe: grito desesperado pedindo que desejo e coração voltem, para que se possa de novo gozar a beleza da copa do ipê contra o céu azul. Tão terrível é este vazio que vários rituais foram criados para se exorcizar os demônios que moram nele. Um deles é a minha agenda – e a agenda de todo mundo. Quando a ansiedade chega, basta ler as ordens que estão escritas, o buraco se enche de comandos, e se fica com a ilusão de que tudo está bem. E não é por isto que se trabalha tanto – da vassoura das donas de casa à bolsa de valores dos empresários? São todos iguais: lutam contra o mesmo medo do vazio.

"E vós, para quem a vida é trabalho e inquietação furiosos – não estais por demais cansados de viver? Não estais prontos para a pregação da morte? Todos vós para quem o trabalho furioso é coisa querida – e também tudo o que seja rápido, novo e diferente – vós achais por demais pesado suportar a vós mesmos; vossa atividade é uma fuga, um desejo de vos esquecerdes de vós mesmos. Não tendes conteúdo suficiente em vós mesmos para esperar – e nem mesmo para o ócio" (Nietzsche).

Por isto ligamos as televisões, para encher o vazio; por isto passamos os domingos lendo os jornais (mesmo enquanto nossos filhos brincam no balanço do parquinho), para encher o vazio; por isto não suportamos a idéia de um fim de semana ocioso, sem fazer nada (já na segunda-feira se pergunta: "E no próximo fim de semana, que é que vamos fazer?"); por isto até a praia se enche de atividade frenética, pois temos medo dos pensamentos que poderiam nos visitar na calma contemplação da eternidade do mar, que não se cansa nunca de fazer a mesma coisa.

Certos estão os taoístas: a felicidade suprema é o *Wu-Wei*, fazer nada. Porque só podem se entregar às delícias da contemplação aqueles que fizeram as pazes com a vida e não se esqueceram dos seus próprios desejos.

---

ALVES, Rubem. *O retorno e terno*. Campinas: Papirus, 1992.

---

# SUGESTÃO DE ATIVIDADE - III

**OBJETIVO:** sensibilizar os alunos para a importância de ter iniciativa para cuidar de seus objetos pessoais e não responsabilizar o outro se porventura tiver alguma contrariedade. Neste caso vamos usar como exemplo a tarefa de arrumar a mala (ou a mochila) para uma viagem ou um simples passeio.

**PROCEDIMENTOS:**

a) O professor deverá criar grupos, a seu critério, de acordo com o número de alunos.

b) Cada grupo receberá instruções para arrumar sua mala ou mochila para diferentes situações: uma semana na praia, uma semana de inverno no campo, uma semana num acampamento, uma semana na casa da avó.

c) Os alunos deverão listar todas as coisas que precisarão levar no passeio. Um desenho com a mala deverá ter sido feito com antecedência pelo professor, impresso e distribuído aos alunos.

d) Quando terminarem as discussões em grupos, os alunos deverão se manifestar sobre o exercício; se puseram coisas demais ou de menos na mala e se esqueceram de colocar alguma coisa.

# Respeito

*A não-violência é o artigo número um de minha fé.*
*– E é também o último artigo do meu credo.*

Mahatma K. Gandhi

Vamos trabalhar o significado da palavra **RESPEITO** como sendo um valor que envolve muitas atitudes importantes: a consideração, a admiração por uma pessoa, o cuidado pela natureza, pelos animais e pelas plantas, enfim, pelo mundo que nos cerca.

E a dignidade? O que é isso? Ouvimos muito falar que uma pessoa perdeu a dignidade... Dignidade é o respeito que temos por nós mesmos. Portanto, respeito é um valor que se refere a nós mesmos e aos demais, sendo que o respeito aos outros é a primeira condição para que as relações sociais aconteçam de uma maneira saudável.

A aprendizagem do respeito aos demais é adquirida através da convivência com as pessoas que nos cercam: familiares e educadores que nos dão testemunhos de como agir respeitosamente.

A história humana está repleta de fatos que mostram como o ser humano desrespeita a diversidade, ou seja, as diferenças dos seres humanos, pois respeito também é isso: é a convivência com as diferenças, de classe, de raça, de cultura, de crenças religiosas, etc.

Alguns educadores se perguntam se o respeito às diferenças – esta harmonia tão desejada – não seria uma ilusão, já que assim teríamos uma sociedade ideal, considerada perfeita. Na verdade, a história é muito mais complexa, pois quando somos nós o diferente, queremos ser aceitos pelo grupo ou pela comunidade onde vivemos; mas quando o outro é o diferente, a situação muda de figura porque na maioria das vezes somos hostis e muito intolerantes. Às vezes a situação beira o insuportável, porque a pessoa diferente pode estar muito próxima. Vejamos a seguir alguns exemplos de situações em que esses conflitos podem acontecer:

– *Diferenças ideológicas, em especial de caráter religioso*. A variedade de religiões tem sido causa de manifestações violentas de intolerância, por que não dizer sangrentas, como temos visto no mundo atual. A intolerância religiosa já provocou muitas guerras ao longo da história da humanidade porque alguns grupos acreditam apenas nos seus princípios religiosos; consideram seus dogmas como sendo a verdade única. Acreditamos que as diferentes religiões se baseiam não em verdades, mas em simples "crenças" e que todas são verdadeiras, já que em religião não existem verdades absolutas. A religião só é patrimônio de quem quiser seguir suas crenças, e essa adesão só pode ser voluntária.

– *Diferenças de caráter social e cultural, diferenças chamadas étnicas*. Muitas pessoas acreditam que "são melhores", "têm mais valor que as outras" porque vêm de culturas e localidades que consideram superiores. Como exemplo, temos a escravidão no Brasil e a exploração do negro pelos brancos.

– *Diferenças físicas ou fisiológicas, e as diferenças de comportamento consideradas, por muitos, como "anormalidades"*. Incluem-se neste grupo os homossexuais, os aidéticos, os leprosos, os filhos naturais ou de mães solteiras, que têm sido rejeitados durante séculos.

Tolerância e intolerância são faces da mesma moeda: a moeda do ódio, do desprezo, do desagrado que são produzidos por outras pessoas. Na intolerância não escondemos os sentimentos de aversão, e a rejeição é explícita. Já na tolerância, somos "bonzinhos", reprimimos a rejeição e "engolimos", toleramos o que nos incomoda. É como falarmos para a outra pessoa: tolero suas ideias absurdas e suas atitudes sem sentido. A tolerância é a expressão que impede de ver o outro com aceitação, quer dizer, de tentar sentir o que o outro sente e procurar entender sua forma de viver, a partir de seus pontos de vista. Em outras palavras, seria se colocar no lugar do outro, enxergar com os olhos do outro.

---

## LEITURA LITERÁRIA

### *Dourado*

André Carvalho

Ele nasceu dourado. Era como todos os de sua família, como todos os de sua vizinhança. Como todos os da mesma espécie, no mundo inteiro. Só que era dourado.

E todos de sua família, todos da vizinhança, todos do mundo inteiro eram marrons, com leves acentos de verde. E tinham pintas pretas. Dourado, nunca nenhum tinha sido.

A boca era grande, muito aberta, para comer insetos distraídos. As pernas da frente punham-no em pé. E as de trás se acomodavam quase sob a barriga. Quando tinha fome e queria comer uma mosca, as pernas de trás, como uma mola de catapulta, estendiam-se e, vupt, ele ia muito longe e apanhava o inseto no vôo. As pernas de trás, maiores que as da frente, eram para isto mesmo: serviam de mola para pular.

Serviam também como remos, quando ele nadava. Remos fortes, que o levavam muito longe, cada vez que os usava, abrindo-os e fechando-os como um alicate.

Tudo, como os outros seres de sua espécie.

Mas quando se ajuntava aos seus iguais para brincar, percebia coisas que o deixavam muito triste. Alguns ficavam longe dele, observando-o, sem se aproximarem. Outros até elogiavam sua cor, mas acabava sempre por ouvir deles, entre lábios (porque não tinham dentes), com desprezo:

– Ele é dourado.

(...)

Quando cresceu mais e quis ter uma namorada, as fêmeas de sua idade fugiam: "Não é legal, ele é dourado".

(...)

De repente, percebeu: ser dourado era um grande crime para os de sua espécie. Mas não era um crime para a Natureza. Tudo que ela dava aos outros, ele tinha também: o céu, o ar, a água, cheiros, as cores, tudo.

Por isso, aprendeu a encontrar prazer em nadar sozinho. Aprendeu que era muito bom pegar um besouro enorme e ágil, mesmo sem testemunhas.

Aprendeu até a viver sem uma namorada. Era difícil, mas era possível.

E aprendeu também a se conhecer. Antes tinha uma vontade enorme de não ser dourado. "Que coisa, só eu diferente". Mas depois achou bonito ser dourado. O tempo envelhecia sua cabeça e ele se aceitava cada vez mais.

(...)

Viu que a água escorria mais fácil de sua pele e sentiu que, afinal de contas, mesmo vivendo muito só, vivia. (...)

---

CARVALHO, André. *Dourado*. 4. ed. Belo Horizonte: Lê, 1994.

## SUGESTÃO DE ATIVIDADE - I

**OBJETIVO:** descobrir o valor da convivência dentro da diversidade, e sensibilizar os alunos para que aceitem e respeitem todas as pessoas independente de sua raça ou cultura.

**PROCEDIMENTOS PARA ATIVIDADE A:**

a) Após leitura de fragmentos do texto *Dourado*, discuta com seus colegas e busque uma solução, ou soluções, para o conflito vivido pelo personagem Dourado.

**PROCEDIMENTOS PARA ATIVIDADE B:**

a) Material: música de fundo alegre e ritmada.

b) As cadeiras são dispostas em círculo de acordo com o número de alunos.

c) A música inicia-se e todos os alunos começam a bater palmas e dar voltas ao redor das cadeiras. Durante este período o professor retira uma cadeira. Os alunos continuam. Assim que para a música, todos devem se assentar.

d) Ninguém sobra. Quem ficar de pé assenta no colo de algum companheiro.

e) O exercício prossegue com o professor retirando a cada rodada uma cadeira.

f) O exercício se encerra quando forma-se no final uma pirâmide de alunos, um no colo do outro de maneira que ninguém fique de pé.

---

## LEITURA ILUSTRATIVA

### *Era uma vez...*

...uma mãe generosa, sábia e grande, mas, porém, muito temperamental, chamada Natureza. Sua casa, segundo consta, era o Universo inteirinho, mas um dia ela se cansou de ter uma casa tão grande, e resolveu que talvez fosse melhor ter um cantinho só seu, mesmo que fosse um cantinho pequenininho. Mais ou menos como quando a gente já vai virando adulto e ainda mora na casa do pai e da mãe, mas vive sonhando com um apartamentinho só da gente, para tocar disco bem alto, andar pela casa só de calção, pintar uma parede de cada cor e achar que tudo tem a cara da gente. Com a Natureza foi mais ou menos assim. Ela queria um planeta só dela, para ver seus bichos e suas plantas crescendo do jeito que ela quisesse. Onde ela pudesse pôr as coisas que gostava nos lugares onde quisesse.

A Natureza procurou pelo Universo inteiro. Com certeza, mesmo que por pouco tempo, chegou a morar em algum planeta de algum sistema solar distante, desses que a gente nem nunca ouviu falar. Com certeza também, deve ter esquecido muita coisa por lá na hora da mudança: um bicho, uma árvore, um pedacinho de mar. Mas o que conta é que a Natureza gostou foi do nosso sistema solar. Há quem diga que, no começo, ela ficou muito indecisa, não conseguia escolher o planeta certo. Também, com tanto planeta bonito... Saturno foi o que chamou mais a atenção, mas como já tinha seus anéis, a Natureza achou que não ficava bem mexer nele. Depois foi a vez do planeta Vênus, que brilha tanto, que até parece uma estrela. Só que a Natureza estava atrás de um planeta que não tivesse nada disso, onde pudesse mexer e remexer, decorar do jeito que mais gostasse: um oceano aqui, uma cordilheira ali, um desertinho do outro lado, uma floresta do lado de lá... e assim por diante.

Quando a Natureza bateu o olho na Terra, falou: é esse! E aí, começou a decorar o planeta que, até aquele dia, não tinha nada. As florestas, os rios, as montanhas, os vales, os campos, tudo a Natureza foi espalhando pelo planeta, como a gente também faz quando se muda para uma casa nova. Põe um quadro aqui, uma cadeira ali, uma mesinha do outro lado. A gente não gosta que ninguém mexa, que ninguém tire do lugar, que ninguém suje, que ninguém quebre nada. A Natureza também não. Para a Natureza, todas as suas coisas, as árvores, as montanhas e os bichos, eram uma coisa só, irmãos de uma mesma família. Generosa, a mãe Natureza, no começo, fez que não viu quando alguns bichos começaram a mexer em sua casa. Ela saía para dar uma voltinha pelo Universo e, quando voltava, perguntava: cadê a floresta que eu deixei aqui?

Quem borrou a água do rio com essa tinta preta? Mãe Natureza ficava furiosa, porque ninguém respondia nada, mas, como mãe é mãe, ia perdoando, perdoando, perdoando...

Um dia, Mãe Natureza achou que estava perdoando demais. Afinal, ela não conseguia mais achar as montanhas, os vales, os campos e as matas que tão bem sabia encontrar em outros tempos. Alguns de seus filhos, uns seres vivos muito inquietos de uma espécie chamada raça humana, não só não se contentavam em tirar as coisas do lugar como, muitas vezes, teimavam em acabar com elas, como se o planeta fosse só deles. Secavam os rios, queimavam as florestas e matavam os outros irmãos deles, os bichos, só porque não falavam a mesma língua. Às vezes, se matavam uns aos outros atirando brinquedos terríveis que ela não tinha ensinado e nem dado para ninguém. E esses brinquedos eram tão terríveis, que não apenas matavam, como criavam rachaduras e buracos enormes na casa de Mãe Natureza. Por isso, às vezes, Mãe Natureza ficava furiosa. Aí, sacudia a Terra todinha, com terremotos tremendos, só para repor as coisas em seus antigos lugares. Ou mandava a chuva cair forte e pesada, para ver se lavava a sujeira que tinha tomado conta de sua casa. Que nem a mãe da gente faz com um balde, quando a gente suja a sala da casa dela...

Hoje, Mãe Natureza está muito triste. Os filhos da raça humana continuam aprontando em sua casa. E recusando algumas coisas boas que ela lhes deu. É claro que nem todos fazem coisas ruins. Muitos estão aí tentando consertar o que os outros fizeram de errado durante todo esse tempo. Eles temem que, um dia, a paciência de Mãe Natureza se acabe e ela resolva procurar outra casa, outro planeta, num outro distante sistema solar do qual provavelmente jamais ouviremos falar, pois ela, com medo de outra bagunça, com certeza não vai deixar endereço.

(...)

Porque, se ela for embora, pode resolver levar os rios, os mares, os peixes, as flores, a onça e a neve para decorar sua nova casa. Pode até convidar o sol e a lua para irem morar com ela. Mas será que ela vai nos levar? E, se não levar, o que vamos ficar fazendo aqui num planeta deserto, sem onça, sem neve, sem sol e sem floresta?

*Jornal de Casa*, Belo Horizonte-MG, s/d.

## SUGESTÃO DE ATIVIDADE - II

**OBJETIVO:** respeitar o meio ambiente que nos cerca e buscar comportamentos e atitudes para melhorá-lo.

**PROCEDIMENTOS:**

a) Leitura do texto: *Era uma vez...*

b) Deverá ser feito um trabalho de colagem em grupos de no máximo oito alunos. Material a critério do professor.

### LEITURA LITERÁRIA

### Aikidô

Terry Dobson

O trem atravessava sacolejando os subúrbios de Tóquio numa modorrenta tarde de primavera. Nosso vagão estava comparativamente vazio: apenas algumas donas de casa com seus filhos e uns velhos indo fazer compras. Eu olhava distraído pela janela a monotonia das casas sempre iguais e das sebes cobertas de poeira.

Chegando a uma estação, as portas se abriram e, de repente, a quietude da tarde foi rompida por um homem que entrou cambaleando no nosso vagão, gritando com violência imprecações incompreensíveis. Era um homem forte, encorpado, com roupas de operário. Estava bêbado e imundo. Aos berros, esbofeteou uma mulher que carregava um bebezinho. A força do tapa fez com que ela fosse cair no colo de um casal idoso. Só por um milagre nada aconteceu ao bebê.

Aterrorizado, o casal deu um pulo e fugiu correndo para a outra extremidade do vagão. O operário tentou ainda dar um pontapé na velha, mas errou a mira e ela conseguiu escapar. Isso o deixou em tal estado de fúria que agarrou a haste de metal no meio do vagão e tentou arrancá-la do balaústre. Pude ver que uma das suas mãos estava ferida e sangrava. O trem seguiu em frente, com os passageiros paralisados de medo. Eu me levantei.

Na época, cerca de vinte anos atrás, eu era jovem e estava em excelente forma física. Vinha treinando oito horas de aikidô quase todos os dias há quase três anos. Gostava de lutar corpo a corpo e me considerava bom de briga. O problema é que minhas habilidades marciais nunca haviam sido testadas em um combate de verdade. Nós alunos de aikidô somos proibidos de lutar.

"Aikidô", meu mestre não cansava de repetir, "é a arte da reconciliação. Aquele cuja mente deseja brigar perdeu o elo com o universo. Se tentarem dominar as pessoas, estarão derrotados de antemão. Nós estudamos como resolver conflitos, não como iniciá-los."

Eu ouvia essas palavras e me esforçava. Chegava a atravessar a rua para evitar os "chimpira", os pungas dos videogames que costumam vadiar perto das estações de trem. Ficava exultado com minha própria tolerância e me considerava um valentão reverente, piedoso mesmo. No fundo do coração, porém, desejava uma oportunidade absolutamente legítima em que pudesse salvar os inocentes destruindo os culpados.

Chegou o dia! Pensei comigo mesmo enquanto me levantava. Há pessoas correndo perigo e se eu não fizer alguma coisa é bem possível que elas acabem se ferindo.

Quando me viu levantando, o bêbado percebeu a chance de canalizar a sua ira.

– Ah! – rugiu ele. – Um estrangeiro! Você está precisando de uma lição em boas maneiras japonesas!

Eu estava de pé, segurando de leve nas alças presas ao teto do vagão, e lancei-lhe um olhar de nojo e desprezo. Pretendia acabar com a sua raça, mas precisava esperar que ele me agredisse primeiro. Queria que ficasse com raiva, por isso curvei os lábios e mandei-lhe um beijo insolente.

– Agora chega! – gritou ele. – Você vai levar uma lição. – E se preparou para me atacar.

Mas uma fração de segundo antes que ele pudesse se mexer, alguém deu um berro:

– Ei!

Foi um grito estridente, mas lembro-me que tinha um estranho timbre, jubiloso e cadenciado, como quando estamos procurando alguma coisa junto com um amigo e ele subitamente a encontra: "Ei!"

Virei para a esquerda, o bêbado para a direita. Nós dois olhamos para um velhinho japonês que estava sentado em um dos bancos. Devia ter bem mais de setenta anos, esse minúsculo senhor, e vestia um quimono impecável. Não me deu a menor atenção, mas sorriu com alegria para o operário, como se tivesse um importantíssimo e delicioso segredo para lhe contar.

– Vem aqui – disse o velhinho num tom coloquial e amistoso. – Vem aqui conversar comigo – insistiu, chamando-o com um aceno de mão.

O homenzarrão obedeceu, mas postou os pés beligerantemente diante dele e gritou por cima do barulho das rodas nos trilhos:

– Por que diabos vou conversar com você?

Ele agora estava de costas para mim. Se o seu cotovelo se movesse um milímetro que fosse eu o esmagaria. Mas o velhinho continuou sorrindo para o operário.

– O que você andou bebendo? – perguntou, os olhos brilhando de interesse.

– Saquê – rosnou de volta o operário – e não é da sua conta! – completou, lançando perdigotos no rosto do velho.

– Que ótimo – retrucou o velho. – Excelente mesmo. Eu também adoro saquê! Todas as noites, eu e minha esposa (ela está com 76 anos, você sabe) aquecemos uma garrafinha de saquê e vamos até o jardim nos sentar num velho banco de madeira. Ficamos olhando o pôr-do-sol e vendo como vai indo nosso caquizeiro. Foi meu bisavô quem plantou essa árvore, e estávamos preocupados achando que ela não fosse se recuperar das tempestades de gelo do último inverno. Mas a nossa arvorezinha saiu-se melhor do que esperávamos, ainda mais se considerarmos a má qualidade do solo. É gratificante olhar para ela quando levamos uma garrafinha de saquê para apreciar o final da tarde, mesmo quando chove!

E olhava para o operário, seus olhos reluzentes. O rosto do operário, que se esforçava para acompanhar a conversa do velhinho, foi se abrandando e seus punhos pouco a pouco relaxando.

– É, é bom. Eu também gosto de caqui... – mas sua voz acabou num sumiço.

– São deliciosos – concordou o velho, sorrindo. – E tenho certeza de que você também tem uma ótima esposa.

– Não – retrucou o operário. – Minha esposa morreu.

Suavemente, acompanhando o balanço do trem, aquele homenzarrão começou a chorar.

– Eu não tenho *esposa*, eu não tenho casa, eu não tenho *emprego*. Eu só tenho *vergonha* de mim mesmo.

Lágrimas escorriam pelo seu rosto; um frêmito de desespero percorreu-lhe o corpo.

Chegara a minha vez. Lá estava eu, com toda a minha imaculada inocência juvenil, com toda a minha vontade de tornar o mundo um lugar melhor para se viver, sentindo-me de repente mais sujo do que ele.

O trem chegou à minha estação. Enquanto as portas se abriam, ouvi o velho dizer solidariamente:

– Minha nossa, que desgraça. Sente-se aqui comigo e me diga o que houve.

Voltei-me para dar uma última olhada. O operário escarrapachara-se no banco, a cabeça no colo do velhinho, que afagava com ternura seus cabelos emaranhados e sebosos.

Enquanto o trem se afastava, sentei-me num banco da estação. O que eu pretendera resolver pela força fora alcançado com algumas palavras meigas. Eu acabara de presenciar o aikidô num combate de verdade, e a sua essência era o amor. A partir de agora teria que praticar a arte com um espírito totalmente diferente. Muito tempo passaria antes que eu voltasse a falar sobre a resolução de conflitos.

DOBSON, Terry. In: FELDMAN, Christina; KORN-FIELD, Jack. *Histórias da alma, histórias do coração*. 2. ed. São Paulo: Pioneira, 1999.

## SUGESTÃO DE ATIVIDADE - III

**OBJETIVO:** conseguir reavaliar com mais critério o respeito diante dos semelhantes, o desrespeito em grau elevado, a violência.

**PROCEDIMENTOS:**

a) Leitura do texto *Aikidô*.

b) Fazer uma reflexão, levantar os pontos que chamaram mais atenção. Cada aluno receberá um formulário para preencher com as seguintes indagações: – O que eu tenho para contribuir, para oferecer para este grupo de colegas com os quais convivo, para que as relações sejam pacíficas, mais humanizadas, sem violência? – E o que devo evitar na convivência com o grupo?

c) Cada aluno preenche individualmente o formulário.

d) O professor deve listar no quadro as contribuições de cada um. Em seguida, listar o que deve ser evitado na convivência com o grupo.

# Vida boa

*A ética é conhecida como parte da
cultura que olha o tempo do dever-ser,
o devir de uma existência boa para
o ser humano, a felicidade, o bem.*

Badeia Marcos

Passamos grande parte de nossas vidas tentando escolher entre o certo e o errado, entre o bem e o mal. E como saber o que é o BEM (com o sentido de valor e virtude), o certo, o correto, o verdadeiro, o honesto? Como saber encontrar o caminho? Perceber as nossas obrigações e deveres implica praticá-los? Por que temos de observar as normas, os costumes e os princípios? A maioria dos educadores e filósofos acredita que a reflexão do conflito é a questão fundamental da ética.

A cultura da humanidade baseia-se em três premissas básicas que servem de sustentação para o pensamento ético. São elas: a *visão cosmocêntrica*, que tem como crença que o universo é o centro de tudo. A *visão teocêntrica*, que coloca Deus como o centro das coisas; é o criador. A *visão antropocêntrica*, em que o centro é o próprio homem.

O pensamento humano tem sido representado a partir destas três maneiras de compreender o mundo e a vida. Ele se expressa na conduta, nas atitudes, nas maneiras de agir. Quando nos perguntamos sobre o que é o bem e o mal, respondemos de forma diferente, de acordo com nossa visão de mundo que pode estar situada na ordem cósmica, na ordem divina ou na própria consciência humana. Pensamos e agimos de acordo com nosso senso ético, ou seja, com os valores que assimilamos ao longo da vida e que nos guiam.

A palavra grega *ethos*, ética, significa costumes (tradição-sabedoria dos velhos, religião, senso comum) e caráter (qualidades pessoais para a conduta e atitudes).

A palavra COSTUMES diz respeito à morada do homem na terra e à busca pela sobrevivência. Aqui os valores são estabelecidos como regras de comportamento na sociedade e são transmitidos de geração para geração.

CARÁTER refere-se à própria ação em si; ao "agir corretamente". Tem o sentido de realização, de busca da perfeição. As características pessoais são representadas pelos sentimentos e pelas atitudes dos indivíduos que têm livre escolha para respeitar ou transgredir os valores vigentes.

É comum a utilização dos termos ética e moral como sinônimos, apesar de não terem os mesmos significados. Moral, do latim *mores*, significa "maneira de se comportar regulada pelo uso", pelo costume. Está relacionada com as normas estabelecidas dentro de uma sociedade, com os códigos usados para organizar e controlar as relações entre os indivíduos, e para regulamentar o comportamento das pessoas. Cada cultura estabelece uma série de padrões aos quais a conduta do indivíduo deve se adequar. São as regras morais. O comportamento moral vai variar de acordo com o tempo e o lugar, conforme as condições históricas e físicas que disciplinam a vida entre os homens. A moral não fica restrita tão somente à herança dos valores transmitidos pela tradição. Na adolescência, quando o pensamento abstrato e a reflexão crítica estão em plena fase de desenvolvimento, os valores herdados são questionados.

A ética vai além da obediência às regras e normas sociais. Atua no campo dos conflitos das relações humanas. Não soluciona questões polêmicas, mas seu objetivo é justamente investigar, provocar a reflexão. A ética pressupõe uma busca racional de como devemos viver para ter uma vida boa.

A conduta ética é uma consequência de um pensamento ético e isto implica considerar o bem-estar das outras pessoas, a começar pelas mais próximas, com as quais convivemos. Agir eticamente é perceber que somos membros de uma comunidade, e não indivíduos isolados.

Criamos leis e regras que servem de guia, de orientação para convivermos em sociedade. Apesar da existência de uma legislação, como uma forma de garantir o bem-estar coletivo, inúmeras vezes elas não são respeitadas. Isto acontece porque as leis apenas determinam um rumo, regulamentam atitudes, tendo em vista o bem comum, mas cada indivíduo deve ser responsável por suas próprias escolhas e maneira de agir. Precisamos estar atentos para viver com equidade, ou seja, viver agindo com ética! Quem age com equidade respeita as diferenças que existem entre as pessoas. Equidade significa reconhecer, saber respeitar igualmente os direitos de cada um. Muitas vezes dizemos também que a pessoa é íntegra, correta, tem um entendimento de justiça, de neutralidade e age utilizando as mesmas leis para todas as pessoas.

Vivemos em sociedade, somos seres humanos, temos muitas semelhanças e diferenças também que precisamos compartilhar, ora dividindo, ora multiplicando, mas sempre em uma troca constante.

Não existe uma receita pronta com regras de comportamento adequadas para serem aplicadas em cada situação que enfrentamos. O indivíduo deve ter liberdade para escolher o melhor caminho, o mais adequado para cada situação conflitiva.

Essa liberdade de escolha é que nos faz mais responsáveis por nossas ações ou omissões, pois todo indivíduo tem que responder, diante de si mesmo e diante dos outros, pelo que faz ou pelo que poderia fazer. Cada um tem uma maneira particular de ser e de agir. Há sempre uma parcela de indeterminação e é isto que marca as diferenças entre as pessoas.

E a consciência?

O termo consciência refere-se em primeiro lugar ao reconhecimento pelo indivíduo de algo que está fora ou dentro dele. Pode ser usado também para designar o conhecimento do bem e do mal. Neste caso, fala-se de consciência ética. A consciência é produto dessa luta, às vezes ferrenha, entre o bem e o mal. É o que cada pessoa tem para si mesma como certo ou errado. As opiniões são diferentes a respeito de todas as coisas ou situações. Umas pessoas pensam de um jeito, outras de outro e essa diversidade de pensamentos é muito rica; senão, de que maneira seriam construídos os nossos diálogos, as nossas conversas, as trocas de ideias? Temos consciência ética quando fazemos escolhas; quando assumimos voluntariamente certas normas, atitudes, posturas, diante das situações com que nos defrontamos.

É importante que estas escolhas sejam pertinentes com as nossas ideias e princípios que defendemos. A ética exige que não tomemos posições que contrariem, que entrem em choque com nossas convicções. Porém, nossos desejos e nossos sentimentos nem sempre estão de acordo com os valores éticos que defendemos. É preciso aceitar este conflito entre desejos e razão, pois a consciência ética só se impõe na transferência do pensamento para a ação. Por exemplo, em momentos de raiva você pode desejar dar uma surra no seu colega. Mas quando você pensa e usa a razão, acaba agindo de outra maneira. Neste caso, você está tendo consciência ética.

──────────────  **LEITURA LITERÁRIA**  ──────────────

## *A Festa no Céu*

Entre os bichos da floresta, espalhou-se a notícia de que haveria uma festa no Céu. Porém, só foram convidados os animais que voassem. As aves ficaram animadíssimas com a notícia e começaram a falar da festa por todos os cantos da floresta. Despertaram e provocaram a inveja nos outros animais, que não podiam voar.

– Quem não têm penas, não vai poder ir a festa! – berrava a Maritaca toda orgulhosa.

Imaginem quem foi dizer que também iria à festa... O Sapo! Logo ele, pesadão e não sabendo sequer correr, como seria capaz de subir àquelas alturas! Pois o Sapo disse que era convidado de honra de São Pedro e que este não abriria as portas do Céu enquanto ele não chegasse. Os bichos morriam de tanto rir. Os pássaros, então, nem se fala! Durante os dias que antecederam a Festa, o Sapo virou motivo de gozação de toda floresta.

Mas o Sapo malandro, contador de vantagens, esperto, sem escrúpulos, que vivia no brejo, lá no meio da floresta tinha que arranjar um plano para ir à festa no céu. "A bicharada está toda rindo de mim, mas não perdem por esperar. Duas palavras abrem qualquer porta: puxe e empurre. Vou a esta Festa no Céu nem que eu tenha que pregar penas por todo o corpo."

E na véspera da festa, o Sapo foi procurar o Urubu. Encontrou o famoso tocador de viola, muito conhecido nas redondezas da floresta, já que as danças dependiam da música dele, lavando os pés sempre sujos, numa lagoa próxima e tomando uns goles de água.

No retorno até a casa do Urubu, conversaram muito, se divertiram com as piadas que o Sapo contava. Já quase de noite, o Sapo se despediu muito vaidoso:

– Bom, meu caro Urubu, quem é coxo parte cedo e eu vou indo, porque o caminho é comprido e ainda vou descansar é tirar uma soneca para mais tarde estar bem disposto e curtir a festa. Até amanhã!

Porém, em vez de sair, o Sapo deu uma volta, entrou no quarto do Urubu e, vendo a viola em cima da cama, meteu-se lá dentro, encolhendo-se todo. O Urubu, mais tarde, pegou a viola, amarrou-a a tiracolo e bateu asas para o céu.

Lá chegando, o Urubu arrumou a viola num canto e foi à procura das outras aves. O Sapo aproveitou para espiar e, vendo que estava sozinho, deu um pulo e saltou da viola, todo contente.

As aves ficaram espantadas ao verem o Sapo dançando e pulando no Céu. Todos queriam saber como ele chegara até lá, mas o Sapo, esquivando-se, mudava de conversa e ia se divertir.

Pela madrugada, sabendo que só podia voltar do mesmo jeito da vinda, o Sapo foi esgueirando-se e correu para onde o Urubu havia deixado a viola. Pulou para dentro da viola, encolheu-se todo para a "carona" de volta.

O sol já estava surgindo, as aves tomaram cada qual seu rumo de casa, o Urubu pegou a sua viola e tomou a direção da floresta. Ia pelo meio do caminho, quando, numa curva, o Sapo mexeu-se e o Urubu viu o bicho lá no escuro, todo curvado, só com os olhos enormes brilhando.

– Ah! Que Sapo folgado! Foi assim que você foi à festa no Céu? Obrigou-me a carregar minha viola com mais peso, não me pediu com respeito para levá-lo junto, nem conversou comigo antes. Enganou-me, trapaceou e burlou a lei da festa, que determinava que os convidados voassem. Isto não é carona.

– Uma carona não faz mal a ninguém – respondeu o Sapo, meio sem jeito. Usei um pouco da minha inteligência, também sou um pouco astuto...

– Você merece um castigo – concluiu o Urubu. Vou jogá-lo lá embaixo mas vou deixá-lo escolher: quer cair no chão ou na água?

O Sapo, com os olhos arregalados de medo, vendo que ia se esborrachar no solo gritou: "me jogue em cima de uma pedra, não me atire na água que eu me afogo." O Urubu ficou branco de raiva, avistou mais adiante um lago e pensou que ia vingar-se do Sapo trapaceiro. Voou até o lago e derrubou o Sapo.

E o Sapo, aliviado por ter se safado de mais esta, ria e nadava confortavelmente.

Conto folclórico

# SUGESTÃO DE ATIVIDADE - I

**OBJETIVOS:** estimular os estudantes ou participantes a discutirem democraticamente as atitudes ÉTICAS e não éticas que aparecem no texto.

### PROCEDIMENTOS:

a) Construir um "baralhinho" com o número de cartas proporcional às perguntas.

b) Leitura do texto "A Festa no Céu".

c) Colocar as cartas do baralho viradas para baixo e cada participante do grupo escolhe uma carta, lê a questão para a turma e abre-se uma discussão. Anotam-se as ideias propostas.

d) Os participantes elegem a melhor resposta e o relator, que pode ser o instrutor/professor/educador, escreve para todos.

### IDEIAS PARA AS QUESTÕES DO BARALHINHO:

1- O Sapo respeitou as leis e as regras para ir à Festa no Céu?

2- O que vocês acham da atitude do Sapo, de ir à festa, escondido dentro da viola do Urubu?

3- O Sapo agiu com equidade?

4- O que vocês acham de falsificar um convite para entrar em uma festa para a qual não foram convidados?

5- O Urubu ficou com muita raiva do sapo e o jogou das alturas, na lagoa. Esta atitude foi justiça ou vingança?

6- Tentem diferenciar atitudes de justiça e de vingança. Deem exemplos de cada uma.

7- Qual seria uma boa solução para o Urubu? O Sapo jogado na lagoa parece que não aprendeu nada e ainda ficou achando-se muito esperto.

8- Vocês acham que o Urubu foi prejudicado ou ele estava queixando-se à toa?

9- Se o grupo que está aqui hoje fosse o grupo dos bichos da floresta, que não voam e não foram à festa, que solução dariam à situação?

10- Vocês já devem ter ouvido falar em "penas alternativas", explicando melhor, castigos diferentes nos quais a pessoa que não cumpriu a lei é penalizada para aprender a agir diferente. Qual seria uma sugestão de "pena alternativa" para o Sapo?

—————————— **LEITURA ILUSTRATIVA** ——————————

## *A consciência moral*

Jostein Gaarder

– Desde o início, Kant tinha a forte impressão de que a diferença entre certo e errado tinha de ser mais do que uma questão de sentimento. Nesse ponto ele concordava com os racionalistas, para quem a diferenciação entre certo e errado era algo inerente à razão humana. Todas as pessoas sabem o que é certo e o que é errado; e não o sabem porque aprenderam, e sim porque isto é algo inerente à nossa razão. Kant acreditava que todos os homens possuem uma *razão prática*, que nos diz a cada um o que é certo e o que é errado no campo da moral.

(...)

– A capacidade de distinguir entre certo e errado é tão inata quanto todas as outras propriedades da razão. Todas as pessoas entendem os acontecimentos do mundo como causados por alguma coisa e todos têm também acesso à mesma *lei moral* universal. Esta lei moral tem a mesma e absoluta validade das leis do mundo físico. Ela é tão basilar para a nossa vida moral quanto é fundamental para a nossa razão o fato de que tudo possui uma causa, ou de que sete mais cinco são doze.

(...)

– (...) A lei moral vale para todas as pessoas, em todas as so-ciedades, em todos os tempos. Ela não diz, portanto, o que você deve fazer nesta ou naquela situação. Ela diz como você deve se comportar em *todas* as situações.

(...)

– Kant formula sua lei moral como um *imperativo categó-rico*. Por imperativo categórico Kant entende que a lei moral é "categórica", ou seja, vale para todas as situações. Além disso, ela é também um "imperativo", uma "ordem", portanto, e também é absolutamente inevitável.

(...)

*De acordo com Kant,*

(...) primeiro devemos sempre agir de modo a podermos dese-jar que a regra a partir da qual agimos se transforme numa lei geral.

(...)

– Quando faço alguma coisa, preciso estar certa de que posso desejar que todos os outros façam a mesma coisa na mesma situa-ção. *Dessa maneira estarei* agindo em consonância com a lei moral interna. Kant formulou o imperativo categórico de modo a que *nós tratemos as outras pessoas sempre como um fim em si mesmo, e não como um simples meio para se chegar a outra coisa.*

– Não devemos, portanto, "usar" as outras pessoas em proveito próprio.

(...) Todas as pessoas são um fim em si mesmas.

(...)

– Isto lembra um pouco a "regra de ouro": "não faças para os outros aquilo que não desejas para ti".

– ...esta é uma diretriz formal que compreende basicamente todas as possibilidades de escolhas éticas. Podemos dizer que esta regra de ouro expressa, de certa maneira, o que Kant chamou de lei moral.

– Mas tudo isto não passa de afirmações (...) Não podemos provar com nossa razão o que é certo e o que é errado.

– Kant considerava a lei moral tão absoluta e universal quanto a lei da causalidade, por exemplo. Esta também não pode ser provada pela razão, e nem por isso deixa de ser inevitável. Ninguém contestaria isto.

(...)

– ...quando Kant descreve a lei moral, o que ele descreve é a consciência humana. Não podemos provar o que a consciência diz, mas sabemos o que ela diz.

(...)

– (...) O que se pode chamar de ação moral tem de ser o resultado do esforço em superar-se a si mesmo. Só quando você faz alguma coisa por considerar seu *dever* seguir a lei moral é que você pode falar de uma ação moral. Por isso é que a ética de Kant também é freqüentemente chamada de *ética do dever*.

Posso considerar meu dever conseguir dinheiro para os que não têm o que comer ou onde morar.

– *Mas* o importante é que você o faça porque considera isto certo. Mesmo que o dinheiro que você conseguiu ajuntar se perca a caminho e jamais chegue a saciar a fome daqueles a quem se destinava, ainda assim você seguiu a lei moral. A sua atitude estava correta e a atitude correta é para Kant decisiva para que possamos chamar algo de moralmente correto, não as conseqüências da ação. Por isto é que também chamamos a ética de Kant de ética da atitude.

– Por que era tão importante para Kant saber quando exatamente estamos agindo segundo a lei moral? Não é muito mais importante que o que fazemos sirva às outras pessoas?

– (...) Só quando nós mesmos sabemos que estamos agindo segundo a lei moral é que agimos *em liberdade*.

GAARDER, Jostein. *O mundo de Sofia*.
São Paulo: Cia. das Letras, 1996.

# SUGESTÃO DE ATIVIDADE - II

**OBJETIVO:** ampliar os conhecimentos a partir da leitura das ideias filosóficas de Kant. Discutir com colegas, pais e professores "a regra de ouro" de Kant.

**PROCEDIMENTOS:**

a) Formar grupos de cinco alunos. Cada grupo deverá escolher um relator.

b) Identificar, na vida cotidiana, alguma situação vivida em que foi tomada uma atitude tendo como princípio a "regra de ouro".

c) Cada relator do grupo apresentará a situação narrada para a turma.

---

## LEITURA LITERÁRIA

### *O velho, o menino e a mulinha*

Monteiro Lobato

O velho chamou o filho e disse:

– Vá ao pasto, pegue a bestinha ruana e apronte-se para irmos à cidade, que quero vendê-la.

O menino foi e trouxe a mula. Passou-lhe a raspadeira, escovou-a e partiram os dois a pé, puxando-a pelo cabresto. Queriam que ela chegasse descansada para melhor impressionar os compradores.

De repente:

– Esta é boa! – exclamou um viajante ao avistá-los. O animal vazio e o pobre velho a pé! Que despropósito! Será promessa, penitência ou caduquice?...

E lá se foi, a rir.

O velho achou que o viajante tinha razão e ordenou ao menino:

– Puxa a mula, meu filho. Eu vou montado e assim tapo a boca do mundo.

Tapar a boca do mundo, que bobagem! O velho compreendeu isso logo adiante, ao passar por um bando de lavadeiras ocupadas em bater roupa num *córrego*.

– Que graça! – exclamaram elas. O marmanjão montado com todo o sossego e o pobre menino a pé... Há cada pai malvado por este mundo de Cristo... Credo!...

O velho danou e, sem dizer palavra, fez sinal ao filho para que subisse à garupa.

– Quero só ver o que dizem agora...

Viu logo. O Izé Biriba, estafeta do correio, cruzou com eles e exclamou:

– Que idiotas! Querem vender o animal e montam os dois de uma vez... Assim, meu velho, o que chega à cidade não é mais a mulinha; é a sombra da mulinha...

– Ele tem razão, meu filho, precisamos não judiar do animal. Eu apeio e você, que é levezinho, vai montado.

Assim fizeram, e caminharam em paz um quilômetro, até o encontro dum sujeito que tirou o chapéu e saudou o pequeno respeitosamente.

– Bom dia, príncipe!

– Por que príncipe? – indagou o menino.

– É boa! Porque só príncipes andam assim de lacaio à rédea...

– Lacaio, eu? – esbravejou o velho. Que desaforo! Desce, desce, meu filho e carreguemos o burro às costas. Talvez isto contente o mundo...

Nem assim. Um grupo de rapazes, vendo a estranha cavalgada, acudiu em tumulto, com vaias:

– Hu! Hu! Olha a trempe de três burros, dois de dois pés e um de quatro! Resta saber qual dos três é o mais burro...

– Sou eu! – replicou o velho, arriando a carga. Sou eu, porque venho há uma hora fazendo não o que quero mas o que quer o mundo. Daqui em diante, porém, farei o que me manda a consciência, pouco me importando que o mundo concorde ou não. Já vi que morre doido quem procura contentar toda gente...

LOBATO, Monteiro. *Fábulas*. São Paulo: Brasiliense, 1994.

# SUGESTÃO DE ATIVIDADE - III

**OBJETIVO:** levar os alunos a perceberem que existem muitas maneiras diferentes de solucionar um problema.

**PROCEDIMENTOS:**

Trabalhar os seguintes aspectos:

– Nem sempre o caminho mais fácil é não pensar e agir seguindo o pensamento e julgamento dos outros.

– Por que temos tanta facilidade em julgar as atitudes e comportamentos dos outros?

a) Dividir a classe em grupos de quatro a cinco alunos.

b) O professor proporá uma situação-problema para que os alunos pensem e escrevam uma solução. Dar um tempo breve para a execução da tarefa. Seguir o mesmo procedimento para outras situações.

c) A cada situação proposta, um aluno de cada grupo lerá a solução encontrada para o restante da turma. Os alunos escutarão e avaliarão antes de passar para a seguinte.

d) Sugestão de situações propostas:

– Seu amigo oferece droga a você. O que você faria?

– Você vê um amigo colando. O que você faria?

– Você vê um garoto mais velho e maior ameaçando um outro pequeno e mais jovem. O que você faria?

e) Pode acontecer que, enquanto se discutem as situações propostas, apareçam soluções novas e que sejam de consenso.

# Sugestão de filmes

**Sugestão de filmes para alunos**

☞ **A cura**
Direção: Peter Horton (EUA, 1995)
Deseter e Eric nunca foram grandes amigos, mas têm algo em comum: a solidão. Eric tem um difícil relacionamento com sua mãe e Deseter foi contaminado pelo vírus da Aids durante uma transfusão de sangue. Surge uma grande amizade e, entre ervas milagrosas e muito chocolate, Eric tenta "curar" Deseter. Eles vivem a maior aventura, descobrem o poder da amizade e da compreensão. Um poder que é a cura para todos os seus medos e preconceitos.

☞ **Agora e sempre**
Direção: Lesli Linka Glatter (EUA, 1995)
Todas por uma e uma por todas. Esta foi a promessa feita por quatro inseparáveis amigas em um verão cheio de surpresas, quando tinham apenas 12 anos de idade. Após 20 anos, elas se encontram para reviver as aventuras daquele verão. Hoje, mulheres, descobrem que a inocência não é eterna, mas uma amizade pode durar para sempre.

☞ **Código de honra**
Direção: Robert Mandel (EUA, 1993)
Este filme vai levar você até o interior de uma escola, onde o futuro de um homem está em jogo e a única coisa contra ele é ser judeu. O problema do preconceito é trazido às claras, e as pessoas se revelam entre injustiças e situações de desrespeito.

☞ **O preço do desafio**
Direção: Ramon Menendez (EUA, 1988)
História baseada em fatos reais, o professor boliviano Jaime Escalante vai lecionar Processamento de Dados no Colégio Ganfield. Mas já no primeiro dia ele descobre que na escola não há sequer computadores. O que realmente existe são gangs de drogados e um elevado índice de desistência. Remanejado para lecionar matemática, Jaime desafia seus alunos com a perspectiva excitante de aprender muito e mudar suas vidas, derrubando o preconceito que existe contra os hispânicos.

☞ **Quem quer ser um milionário**
Direção: Danny Boyle (EUA, 2008)
Jamal K. Malik (Dev Patel) é um jovem que trabalha servindo chá em uma empresa de telemarketing. Sua infância foi difícil, tendo que fugir da miséria e violência (sua família morava em uma das favelas de Mumbai, na Índia) para

conseguir chegar ao emprego atual. Um dia ele se inscreve no popular programa de TV "Quem Quer Ser um Milionário?". Inicialmente desacreditado, ele encontra em fatos de sua vida as respostas das perguntas feitas. Vencedor de 8 Oscars, incluindo melhor filme e diretor.

### ☞ Quero ser grande
Direção: Penny Marshall (EUA, 1988)

Aos 12 anos, tudo o que Josh mais queria na vida era se tornar um adulto e ter mulheres, carros, dinheiro e diversão. Utilizando uma velha máquina da sorte, esquecida num canto do parque de diversões, ele faz seu pedido: "Quero ser grande." No dia seguinte, acorda com 35 anos e um metro mais alto. Mas Josh é um menino no corpo de um homem e vai enfrentar muitos problemas.

### ☞ Romeu e Julieta
Direção: Franco Zeffirelli (Ing., 1968). Clássico.

### ☞ Romeu e Julieta
Direção: Baz Luhrmann (USA, 1996). Moderno.

Bem-vindos a Verona Beach, um mundo sexy e violento, sem futuro nem passado, dominado por duas famílias rivais, os Montecchios e os Capuletos. Esta é a versão moderna do clássico de Shakespeare, também filmada por Franco Zeffirelli. O ideal é que os alunos tenham chance de ver as duas versões.

### ☞ Sempre amigos
Direção: Peter Chelson (EUA, 1998)

Quando o jovem Kevin Dillon e sua mãe se mudam para a casa ao lado de Maxwell Kane e seus avós, uma nova vida começa para os dois meninos. Max, de 13 anos, é um gigante. Devagar na escola e sem coragem, nunca teve amigos. Já Kevin tem problemas de nascença nas pernas, mas compensa as dificuldades físicas com um cérebro de gênio. Unidos, Kevin dá a Max suas ideias e Max dá a Kevin a habilidade de se mover rapidamente. O poder da cooperação proporciona a ambos a coragem para enfrentarem as adversidades.

### ☞ Sempre ao seu lado
Direção: Lasse Hallström (EUA, 2009)

Quando Hachiko, um filhote de cachorro da raça akita, é encontrado perdido em uma estação de trem por Parker (Richard Gere), ambos se identificam rapidamente. O filhote acaba conquistando todos na casa de Parker, mas é com ele que acaba criando um profundo laço de lealdade.

### ☞ Sociedade dos poetas mortos
Direção: Peter Weir (EUA, 1996)

O carismático professor John Keating chega a um colégio conservador com seu moderno método de ensino. Desperta em seus alunos um novo questionamento, uma nova forma de vida. "Aproveitem o dia! Façam de suas vidas algo extraordinário!" Com estas palavras ele estimulou os jovens a viverem cada minuto de suas vidas intensamente.

### Sugestão de filmes para educadores

#### ☞ Adorável professor
Direção: Stephen Herek (EUA, 1995)

Em 1964 um músico (Richard Dreyfuss) decide começar a lecionar, para ter mais dinheiro e assim se dedicar a compor uma sinfonia. Inicialmente ele sente grande dificuldade em fazer com que seus alunos se interessem pela música e as coisas se complicam ainda mais quando sua mulher (Glenne Headly) dá à luz um filho que o casal vem a descobrir mais tarde que é surdo. Para poder financiar os estudos especiais e o tratamento do filho, ele se envolve cada vez mais com a escola e seus alunos, deixando de lado seu sonho de tornar-se um grande compositor. Passados 30 anos lecionando no mesmo colégio, após todo este tempo, uma grande decepção o aguarda.

#### ☞ A dúvida
Direção: John Patrick Shanley (EUA, 2008)

O ano é 1964 e o cenário é a escola St. Nicholas, no Bronx. O vibrante e carismático padre Flynn (Philip Seymour Hoffman) vem tentando acabar com os rígidos costumes da escola, que há muito são guardados e seguidos ferozmente pela irmã Aloysius Beauvier (Meryl Streep), a diretora com mãos de aço que acredita no poder do medo e da disciplina. Os ventos das mudanças políticas sopram pela comunidade e, de fato, a escola acaba de aceitar seu primeiro aluno negro, Donald Miller. Mas quando a irmã James (Amy Adams), uma freira inocente e esperançosa, conta à irmã Aloysius sobre sua suspeita, induzida pela culpa, de que o padre Flynn está dando atenção exagerada a Donald, a irmã Aloysius se vê motivada a empreender uma cruzada para descobrir a verdade e banir o padre da escola. Agora, sem nenhuma prova ou evidência, exceto sua certeza moral, a irmã Aloysius trava uma batalha de determinação com o padre Flynn, uma batalha que ameaça dividir a Igreja e a escola com consequências devastadoras.

#### ☞ Bang Bang! Você morreu
Direção: Guy Ferland (EUA, 2003)

"Jovens podem ser mais cruéis que todos. Naturalmente cruéis."

As Palavras de Trevor Adams, que já foi estudante exemplar, refletem suas experiências no colégio. Ele era vítima de tão traumatizante perseguição que ameaçou destruir o time de futebol da escola. Mas a salvação veio através do Sr. Duncan (Tom Cavanagh, astro da série de TV "Ed"), o professor de teatro, que ofereceu a Trevor o papel principal de sua peça, ao lado da bela Jenny Dahlquist.

O professor e a garota tentam ajudá-lo a manter-se na linha. Mas há um risco: o sombrio enredo sobre assassinos em um playground, combinado com o passado problemático de Trevor, fazem com que os pais tentem vetar a peça. Se eles conseguirem é possível que a voz de Trevor jamais seja ouvida e isso pode detonar uma bomba-relógio humana.

### ☞ Black

Direção: Sanjay Leela Bhansali (Índia, 2005)

Filme dirigido por Sanjay Leela Bhansali, diretor meticuloso que, já no seu filme de estreia, *Khamoshi The Musical* (1996), conseguiu sucesso de crítica e um moderado sucesso de público.

Em *Black*, os McNallys são uma família anglo-indiana católica de Shimla, cuja filha mais velha, Michelle (Rani Mukherjee), ficou surda e cega após uma doença que teve quando tinha meses de idade. Ela cresce impossibilitada de se comunicar com o mundo, e seus pais não conseguem educá-la. Quando nasce a filha mais nova, Sara (Nandana Sen), as dificuldades crescem. Então eles consideram a possibilidade de mandar Michelle para uma instituição.

Como último recurso, eles escrevem para uma escola especialista na educação de crianças cegas e surdas, e a escola manda Debraj Sahai (Amitabh Bachchan), que tem a missão de ensinar Michelle a se comunicar com o mundo. Ela o trata de modo violento, assim como todos que tentam se aproximar dela. Mas ele persiste até conseguir criar uma via de comunicação com a criança que até então vivia na escuridão, num mundo negro, "black". Ele conquista a confiança da família, e passa a viver com eles.

Michelle cresce tendo Debraj como professor, amigo e companheiro, e todos admiram sua desenvoltura, apesar dos problemas. Ambos então resolvem que Michelle deve frequentar a Universidade. Ela é avaliada por uma banca de professores, e é aceita para cursar o Bacharelado em Artes. Nesse novo ambiente, os desafios se multiplicam. Mas Debraj e Michelle formam um time, e ambos procuram superar cada obstáculo com a esperança de que cada sentença aprendida lance luz no mundo interior de Michelle. Tudo parecia bem, até que Debraj começa a ter falhas de memória. Os esquecimentos aumentam, e de repente ele some da vida de todos. Michelle o procura por anos, e dessa vez sua solidão tem somente a companhia de Deus.

Numa tarde, ela o reencontra sentado perto da fonte de água na qual ele, anos antes, ensinou ela a se comunicar. Então ela é que se torna uma luz para ele, tentando preencher cada lacuna que a Doença de Alzheimer formou em seu espírito.

O filme *Black* ganhou o II FA e o Zee Cine Awards de 2006 na categoria de melhor atriz (Rani Mukherjee). E no 51st Annual Filmfare Awards de 2006 ganhou nas categorias de melhor filme, diretor, ator (Amitabh Bachchan) e atriz (Rani Mukherjee), eleitos pelo público e pela crítica.

☞ **Como estrelas na Terra**
Direção: Aamir Khan, Amole Gupte (Índia, 2007)
Filme da produção de Bollywood, conta a história de uma criança que sofre com dislexia e custa a ser compreendida. Ishaan Awasthi, de nove anos, já repetiu uma vez o terceiro período (no sistema educacional indiano) e corre o risco de repetir de novo. As letras dançam em sua frente, como diz, e não consegue acompanhar as aulas nem focar sua atenção. Seu pai acredita apenas na hipótese de falta de disciplina e trata Ishaan com muita rudez e falta de sensibilidade. Após serem chamados na escola para falar com a diretora, o pai do garoto decide levá-lo a um internato, sem que a mãe possa dar opinião alguma. Tal atitude só faz regredir em Ishaan a vontade de aprender e de ser uma criança. Ele visivelmente entra em depressão, sentindo falta da mãe, do irmão mais velho, da vida... e a filosofia do internato é a de disciplinar cavalos selvagens. Inesperadamente, um professor substituto de artes entra em cena e logo percebe que algo de errado estava pairando sobre Ishaan. Não demorou para que o diagnóstico de dislexia ficasse claro para ele, o que o leva a pôr em prática um ambicioso plano de resgatar aquele garoto que havia perdido sua réstia de luz e vontade de viver. O filme é uma obra-prima do ator e produtor Aamir Khan.

☞ **Educação**
Direção: Lone Scherfig (Reino Unido, 2009)
Jenny tem 16 anos e vive com a família no subúrbio londrino, em 1961. Inteligente e bela, sofre com o tédio de seus dias de adolescente e aguarda impacientemente a chegada da vida adulta. Seus pais alimentam o sonho de que ela vá estudar em Oxford, mas a moça se vê atraída por outro tipo de vida. Quando conhece Danny, homem charmoso e cosmopolita de trinta e poucos anos, vê um mundo novo se abrir diante de si. Ele a leva a concertos de música clássica, a leilões de arte, e a faz descobrir o glamour da noite, deixando-a diante de um dilema entre a educação formal e o aprendizado da vida.

☞ **Entre os muros da escola**
Direção: Laurent Cantet (França, 2008)
Um professor tenta estimular seus alunos em sala de aula, mas enfrenta problemas com a falta de educação e o descaso deles em aprender algo. François Marin (François Bégaudeau) trabalha como professor de língua francesa em uma escola de ensino médio, localizada na periferia de Paris. Ele e seus colegas de ensino buscam apoio mútuo na difícil tarefa de fazer com que os alunos aprendam algo ao longo do ano letivo. François busca estimular seus alunos, mas o descaso e a falta de educação são grandes complicadores.

☞ **Escritores da liberdade**
Direção: Richard LaGravenese (EUA, 2007)
Há muitos filmes americanos sobre escola, mas não como *Escritores da liberdade*. Porque é o único filme dessa categoria que incentiva os alunos a lerem

literatura, ponto de partida para testar a vocação de cada um para escrever desde um diário sobre o cotidiano trágico de suas vidas até uma poesia hip-hop ou um livro de ficção. O valor desse filme também está na ousadia da linguagem cinematográfica mostrando os problemas psico-sócio-culturais que atingem a escola contemporânea; também porque ele dá visibilidade à diversidade dos grupos, com seu rígido código de honra, cada um no seu território, o narcisismo da recusa e da intolerância para com "os outros", o boicote às aulas, a prontidão para aumentar os índices de violência entre os jovens e transformar a escola no seu avesso, isto é, uma comunidade bem próxima da barbárie, o que de fato vai acontecer em 1992, em Los Angeles, EUA.

O filme é baseado na história real de Erin (interpretada por Hilary Swank), uma professora novata interessada em lecionar Língua Inglesa e Literatura para uma turma de adolescentes resistentes ao ensino convencional; alguns estão ali cumprindo pena judicial, e todos são reféns das gangues avessas ao convívio pacífico com os diferentes.

Formada em Direito, Erin se torna professora, desagradando seu pai e marido. No início, ela demonstra ingenuidade, timidez, curiosidade e determinação; sua vocação para o magistério vai se construindo conforme os desafios que ela encontra entre os alunos e ao lidar com a burocracia e o conservadorismo dos funcionários do sistema pedagógico da escola.

### ☞ Nenhum a menos
Direção: Zhang Yimou (China, 1999)

Na remota pobreza da China rural, uma jovem mulher é enviada para uma remota vila para ser professora substituta.Quando o professor da escola primária de Shuiquan tem de se ausentar durante um mês, o presidente da pequena aldeia, Tian, apenas consegue encontrar uma adolescente de 13 anos, Wei Minzhi, para o substituir. O professor Gao adverte-a para que não permita que mais alunos abandonem a escola, garantindo-lhe o pagamento de 50 yuan e mais um pequeno extra se for bem sucedida. Minzhi, pouco mais velha que alguns dos seus alunos (do 1º ao 4º ano, na mesma classe), pouco mais pode fazer do que escrever texto no quadro e ensinar uma ou outra canção. Mal a jovem professora estreia, uma pequena aluna é convidada a ingressar numa escola de desporto e, quase de imediato, Huike, um dos miúdos mais difíceis de controlar nas aulas, é obrigado a ir trabalhar na cidade, pois vive só com a mãe, que está doente e imersa em dívidas. Minzhi recusa-se a perder outro aluno. Adaptado por Shi Shiangsheng do seu livro.

### ☞ O leitor
Direção: Stephen Daldry (EUA, 2008)

Na Alemanha pós-Segunda Guerra Mundial, o adolescente Michael Berg (David Kross) se envolve, por acaso, com Hanna Schmitz (Kate Winslet), uma mulher que tem o dobro de sua idade. Apesar das diferenças de classe, os dois se apaixonam e vivem uma bonita história de amor. Até que um dia Hanna desaparece misteriosamente. Oito anos se passam e Berg, então um interessado estudante de

Direito, se surpreende ao reencontrar seu passado de adolescente quando acompanhava um polêmico julgamento por crimes de guerra cometidos pelos nazistas.

### ☞ O menino do pijama listrado
Direção: Mark Herman (EUA, 2008)

Alemanha, Segunda Guerra Mundial. Bruno (Asa Butterfield), de oito anos, é filho de um oficial nazista que assume um cargo em um campo de concentração. Isto faz com que sua família deixe Berlim e se mude para uma área desolada, onde não há muito o que fazer para uma criança de sua idade. Ao explorar o local ele conhece Shmuel (Jack Scanlon), um garoto aproximadamente de sua idade que sempre está com um pijama listrado e do outro lado de uma cerca eletrificada. Bruno passa a visitá-lo frequentemente, surgindo entre eles uma amizade.

### ☞ Preciosa - Uma história de esperança
Direção: Lee Daniels (EUA, 2009)

Claireece Preciosa Jones sofre privações inimagináveis em sua juventude. Abusada pela mãe, violentada por seu pai, ela cresce pobre, irritada, analfabeta, gorda, sem amor e geralmente passa despercebida. A melhor maneira de saber sobre ela são suas próprias falas: "Às vezes eu desejo que não estivesse viva. Mas eu não sei como morrer. Não há nenhum botão para desligar. Não importa o quão ruim eu me sinta, meu coração não para de bater e meus olhos se abrem pela manhã". Uma história intensa de adversidade e esperança.

# Referências

ALBERONI, Francesco. *A amizade*. Rio de Janeiro: Rocco, 1984.

ARANHA, Maria Lúcia de Arruda; MARTINS, Maria Helena Pires. *Filosofando. Introdução à filosofia*. 2. ed. São Paulo: Moderna, 1998.

CAMPS, V. *Los valores de la educación*. Alanda/Madrid: Arraya, 1994.

CARRERAS, L. L. *et al. Como educar en valores*. Madrid: Narcea, 1995.

CARVALHO, André. *Dourado*. Ilustrações Ângela Lago. 4. ed. Belo Horizonte: Lê, 1994.

CORTINA, D. *10 palabras clave en ética*. Espanha: Verbo Divino, 1994.

CUMMING, Robert. *Para entender a arte*. São Paulo: Ática, 1996.

DAMBRÓSIO, Ubiratan. *A era da consciência*. São Paulo: Fundação Peirópolis, 1997.

DIMENSTEIN, Gilberto. *O cidadão de papel. A infância, a adolescência e os direitos humanos no Brasil*. São Paulo: Ática, 1994.

DUARTE, Marcelo. *O guia dos curiosos*. São Paulo: Cia. das Letras, 1996.

FELDMAN, Christina; KORNFIELD, Jack. *Histórias da alma, histórias do coração*. 2. ed. São Paulo: Pioneira, 1999. (Coleção Buscas.)

FERNANDES, Millôr. *Fábulas fabulosas*. Rio de Janeiro: Nórdica, 1989.

FONSECA, Suzene Furtado da. *Bate bola/Bate boca*. Belo Horizonte: Dimensão, 1991.

FREIRE, Paulo. *Pedagogia do oprimido*. 11. ed. Rio de Janeiro: Paz e Terra, 1982.

FROMM, Erick. *Ter ou ser*. 4. ed. Rio de Janeiro: Guanabara Koogan S. A., 1976.

GAARDER, Jostein. *O mundo de Sofia*. Tradução de João Azenha Júnior. São Paulo: Cia. das Letras, 1996.

GARNER, James Finn. *Contos de fadas politicamente corretos*. Uma versão adaptada aos novos tempos. Tradução e adaptação de Cláudio Paiva. Rio de Janeiro: Ediouro S. A., 1995.

ISE, Daijyo. *Zen e a arte de pentear macacos*. Brasília: Thot Livraria e Editora Esotérica Ltda., 1989.

LIPOVETSKY, Gilles. *A era do vazio*. Lisboa: Relógio d'Água, 1983.

LOBATO, Monteiro. *Fábulas*. São Paulo: Brasiliense, 1994.

MARCOS, Badeia. *Ética para profissionais de saúde*. São Paulo: Santos Livraria Editora, 1999.

MINICUCCI, Augostinho. *Técnicas do trabalho de grupo*. São Paulo: Atlas S. A., 1987.

NAPOLITANO, Marcos. *Como usar o cinema na sala de aula*. São Paulo: Contexto, 2003.

NARCEA, S. A. de. *Cómo educar en valores*. 5. ed. Madrid: Ediciones, 1997.

OSBORNE, Richard. *Filosofia para principiantes*. 3. ed. Tradução de Adalgisa Campos da Silva. Rio de Janeiro: Objetiva Ltda., 1998.

SANT'ANNA, Affonso Romano. *A vida por viver – crônicas*. Rio de Janeiro: Rocco, 1997. p. 14-16.

SAVATER, Fernando. *Ética para meu filho*. São Paulo: Martins Fontes, 1998.

SETTE, Graça; PAULINO, Maria Ângela; STARLING, Rozário. *Transversais do mundo. Crônicas de Antônio Barreto – leituras de um tempo*. Belo Horizonte: Lê, 1999.

SOUKI, Nádia. *Hannah Arendt e a banalidade do mal*. Belo Horizonte: Editora UFMG, 1998.

STRATHERN, Paul. *Santo Agostinho em 90 minutos*. Tradução de Maria Helena Geordane. São Paulo: Jorge Zahar Editor, 1999.

TEIXEIRA, Inês Assunção de Castro; LOPES, José de Sousa Miguel. *A escola vai ao cinema*. Belo Horizonte: Autêntica, 2003.

TELLES, Lygia Fagundes. *A disciplina do amor*. 9. ed. Rio de Janeiro: Rocco, 1998.

SHAKESPEARE, W. *O mercador de Veneza*. Texto: Mary Lamb. Ilustrações: Dusan Kallay. Tradução básica: Sérgio Godinho de Oliveira. Texto final em português: Johnny Mafra. Belo Horizonte: Dimensão, 1995.

VIVÊNCIAS. Uma aprendizagem efetiva. Manual de técnicas vivenciais. Oficina de Arte e Prosa. Projetar/MG Projeto de Jogos Empresariais de Tecnologia Avançada.

VERÍSSIMIO, Luis Fernando. O casamento. In: *O gigolô das palavras*. Porto Alegre: L&PM, 1987. p. 85-91.

VOLTAIRE. *Dizionario filosófico*. Tradução de Maurizio Enoch. Roma: Newton Compton, 1991, p. 9-10.

# A autora

Márcia Botelho Fagundes é mineira de Belo Horizonte, graduada em Psicologia com especialização em Psicologia Clínica e Educacional. Nesta área tem atuado como professora, orientadora, palestrante e formadora de profissionais da educação.

Continua se dedicando ao atendimento clínico, a adolescentes e famílias.

Publicou vários artigos em revistas na área de educação; produziu e apresentou o programa Vôo Livre, na TVE de Minas Gerais, abordando temas relativos a adolescência.

Livros publicados: *Quero ser do bem*, Editora Autêntica (2004), 2ª ed.; *Adolescência* (1992); *Relacionamento de ajuda* (1994); *Escolha da profissão* (1997) para o público infantojuvenil escritos em parceria com André Carvalho (Editora Lê, coleção "Pergunte ao José").

Este livro foi composto com tipografia Palatino e impresso
em papel Off Set 75 g na Formato Artes Gráficas.